托克托历史人物故事

杨利民　编著

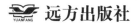
远方出版社

图书在版编目（ＣＩＰ）数据

托克托历史人物故事 / 杨利民编著 . -- 呼和浩特：
远方出版社, 2021.1

ISBN 978-7-5555-1533-3

Ⅰ . ①托… Ⅱ . ①杨… Ⅲ . ①历史人物 – 生平事迹 –
托克托县 Ⅳ . ①K820.826.4

中国版本图书馆 CIP 数据核字（2020）第 247049 号

托克托历史人物故事
TUOKETUO LISHI RENWU GUSHI

编　　著	杨利民	
责任编辑	董美鲜	
责任校对	萨日娜	
封面设计	丁雪芝	
版式设计	春　英	
出版发行	远方出版社	
社　　址	呼和浩特市乌兰察布东路 666 号　邮编 010010	
电　　话	（0471）2236473 总编室　2236460 发行部	
经　　销	新华书店	
印　　刷	内蒙古北方印务有限责任公司	
开　　本	145mm×210mm　1/32	
字　　数	122 千	
印　　张	5.25	
版　　次	2021 年 1 月第 1 版	
印　　次	2021 年 1 月第 1 次印刷	
印　　数	1—5600 册	
标准书号	ISBN 978-7-5555-1533-3	
定　　价	38.00 元	

如发现印装质量问题，请与出版社联系调换。

序(一)

老友杨利民,雅好文史,虽入金融系统,然宿志不改。精算之余,爬罗史志,收求轶闻。数十年之功,积稿盈尺,于地方文化建设,曰有功焉。结集为《托克托历史人物故事》,嘱予作序。予不敢辞焉,聊缀数语,以作引玉。

书名有数语:托克托、历史、人物、故事,先略释之。托克托,考其原始,明嘉靖中期,西土默特部阿拉坦汗义子恰台吉(即脱脱,亦作妥妥)驻牧妥妥城(托克托城)。当以阿拉坦汗义子之名脱脱得名。脱脱应为蒙古族常用名。《元史》撰者即名脱脱,又作托克托,可证。盖脱为入声字,中古时期收k尾,而克即将k译写为一个汉字而成,脱脱与托克托,当为蒙古名之两种译法,托县常称拖城,乃脱脱城、托克托城之省称。历史,乃过去之事。历史之于中华文化,有独特之文化价值。司马迁有云:"思往事,知来者""究天人之际,通古今之变",历史不特记录中华文化之精髓,更要以古知今,以古鉴今,揭示历史发展之规律,以其有用于当世。人物,有文治武功或奇闻逸事,载入史册或流传于民间之人。故事,乃某事件之文学化表述,于人有启发警策之用。历史人物故事者,非确凿可考之史实,乃是有历史依据之故事。《托克托历史人物故事》,即此义。

托克托之名始于明嘉靖中期,不足500年。若提及云中,则一跃而至战国年间,直溯2300年之外。若说到海生不浪(当为海生不拉)文化,则更在五六千年之外之新石器文明,兹不赘。托克托为富含历史文化之人文荟萃之地,当非溢美。诸君可至托克托县博物馆一观便知。

云中郡,战国赵武灵王始设,治所在今托克托县境内。秦汉因之,治所或有变化。之后屡废屡建,云中之名,虽时见于史籍,然治所详情,邈然不可考。及至李唐,与北方游牧部族争雄,云中故地,又得重光。史籍所载,或略或详,虽间有龃龉,此亦史学故常,殊不足怪,留待学者考辨。塞外名城,固若云中之城隐没于历史迷雾之中? 云中之事,吉光片羽,难寻全貌;云中之人,鸢飞豹隐,时见一斑。史家诠叙故实,则材料不足;塞外古城风流,倩何人演说? 唯杨君诚笃,多年孜孜不倦,于经史子集中爬罗剔抉,将与云中、托克托相关之遗珠断简尽数拣出,精心编辑,成此《托克托历史人物故事》,不亦可乎?

开卷展读,耳目一新。自先秦及清代,帝王将相、文人骚客、异人侠士、豪商巨贾、布衣名流,均与云中、托克托有关系,果如是邪? 此乃历史与历史故事之别。历史以史料为核心,近人王国维首倡"二重证据法":"吾辈生于今日,幸于纸上之材料外,更得地下之新材料。由此种材料,我辈固得据以补正纸上之材料,亦得证明古书之某部分全为实录,即百家不雅训之言亦不无表示一面之事实。此二重证据法唯在今日始得为之。"史学大家陈寅恪云:"一曰取地下之实物与纸上之遗文互相释证""二曰取异族之故书与吾国之旧籍互相补正""三曰取外来之观念,以固有之材料互相参证"。简言之,即以各种材料(传世文献、地下文献以及域外异族史料)相互印证,方得确认。此历史研究之正途,无可置疑。历史故事则有所不同。史籍所载,必有详略,详者易知,略者阙如。且文献传承,洵多艰难。秦火固不必说,兵燹战乱,水火无妄,典籍传承,危若悬丝。观历代典籍著录,只存其名,不见其书,无片纸可睹者何止千万。赅博如孔子者,也有"礼失,求诸于野"之叹。史料灭失、史籍失载,故为史家无可奈何之事。然故事则不然,依史料之线索,寻草蛇灰线,加以补充,以合理之想象,由一管所窥绘全豹之美,现鲜活场景,乃故事之所长。

云中始建于战国,兴于秦汉。虽处塞外,然为古代西北重镇,各民族所共争。隋唐时地位更显,官府军政文教多有建设,史籍典册所载甚多。洎乎明清,托克托负云中之荣光重现于世。境内河口镇为黄河上中游分界点,地理位置优越。明代开发西部,内地物资转输西北,黄河船运其利愈显。河口镇为重要水旱码头,下接晋冀,上通呼包,远至库伦(今蒙古国乌兰巴托)。舳舻相接,店铺林立,商贾云集,百业兴旺,洵为一时之盛。至平绥铁路开行,黄河航运渐告没落,河口镇亦不为人知。现在政府努力恢复河口镇旅游事业,旧貌新颜,庶几可待。与内地市县相较,托克托难言富庶。但几千年积淀之文教土壤,孕育代代杰出人物。就此言之,人杰地灵,不为过誉。诸君展卷而读,当知余言不谬。

欣逢盛世,何幸如之!乘国运之昌旺,发古郡之声威。弘教化于塞外,建功勋于宇内。固为我托克托人之天职,可不勉旃!

是为序。

杜若明

2019 年 10 月 14 日

序(二)

杨利民,托克托县河口镇人,我的初中同班同学、高中同桌。1977年恢复高考时,我们读初二;1978年,升初三,我们同班。当时,教室是平房,教室后墙和外墙各有一块大黑板,各班负责墙报,学校会定期检查评比。作者是宣传委员,负责班级墙报工作,既组稿又撰稿,又要完成版面设计、插图、美术字和板书等。因评比时屡获奖,大家尊称他为"总编""杨总编"。

杨利民大学所学专业为中文,参加工作没几年就当了银行行长。那时,他已经开始默默地挖掘和研究托克托历史了。30多年来,他不停地走访相关史学研究者,自费到全国各地图书馆查询相关历史文献,完成《托克托历史人物故事》。印象中,书中所述历史人物、历史事件,好像与托克托并无交集。例如:

公元前219年,秦始皇为了长生不老,巡游赵国故地云中郡(今内蒙古自治区托克托县东北),寻找吉祥之鸟——天鹅;公元前200年,汉高祖刘邦命封陈豨为列侯,统管赵国、代国及包括云中郡一带戍卫边疆军队,这是有关托克托最早的历史记载。还有，托克托保持至今的物资交流大会，历史悠久，可以追溯到金代。

公元29年，巾帼英雄花木兰，女扮男装从军12年，参加了北伐黑山（今内蒙古自治区托克托县黑城东）之战。公元682年，大将薛仁贵在单于都护府（今内蒙古自治区托克托县东北）指挥了云州战役。

再有，托克托有诸多历史人物，如公元1182年出生的武都，官至户部尚书；公元1181年出生的程震，与其兄程鼎同科进士及第，官至监察御史；公元1203年出生的孟攀鳞因才华出众，被皇帝忽必烈授予翰林；公元1234年出生的程思廉，与人为善，为官清廉，疾恶如仇，刚正不阿，于公元1269年进入京师升任监察御史；明代名将孙镗，托克托人，后被封为涞国公，充任总兵官。

印象中，为了生存，人口向来是北迁，如走西口、闯关东。但公元1373年9月，明太祖朱元璋下令将东胜州（今内蒙古自治区托克托县）、云内州（今内蒙古自治区托克托县）等地4万多户约22万人迁到中立府（今安徽省凤阳县），值得历史学家深入研究。

书中记载了与托克托有关的几位皇帝，但百姓口中流传最广的还数清康熙皇帝。公元1696年农历十月二十八日，为征讨噶尔丹叛乱，康熙率领大军来到湖滩和硕（今内蒙古自治区托克托县河口）黄河岸边。因黄河流凌、河水湍急，大军无法过河，暂驻在湖滩和硕。农历十一月三日，康熙泛舟黄河，诗兴大发，吟诗一首《黄河》：

黄涛何汹汹,寒至始流凌。

解缆风犹紧,移舟浪不兴。

威行宜气肃,恩布觉阳升。

化理应多洽,嚣氛顷刻澄。

杨利民30多年孜孜不倦的研究与考证,为续写和完善托克托历史做出了贡献。他把托克托历史与中国历史紧密结合在一起,把一个具有传承作用的、鲜活的、动态的、有血有肉的托克托历史展示在世人面前。

因留存下来的文献资料有限,不能完全还原历史真相,但杨利民为托克托历史研究走出第一步,实属不易。此作凝结了作者30多年的心血,奠定了托克托历史人物研究的基础。

贺振富

国家发展和改革委员会委员、国家能源局专家

2019年10月9日

目 录

隋 朝

唐 代

辽 代

金 代

秦代

秦始皇与托克托

传闻,秦始皇非常迷信,幻想成为长生不老的神仙。公元前219年,齐人徐福等上书海上仙境之事,于是,秦始皇派他征发童男童女数千人入海求仙。又听闻在赵国故地云中郡的云中城(内蒙古自治区托克托县古城镇)有吉祥之鸟——天鹅流连忘返。因此,为了寻求长生不老,秦始皇听从一名相卜者的建议,准备第五次巡游。

在第五次巡游中,由于一路劳顿,又加酷暑难耐,秦始皇行进到平源津(今山东省平原县附近)就病倒了。平源津本是齐赵之最重要的渡口,秦驰道之一东方道通过平源津。秦始皇病重期间,命本家嬴姓兄弟、掌管皇帝车舆的中车府令赵高写遗书,给受命监军河套(今鄂尔多斯市,当时归上郡管辖)的秦始皇长子扶苏说"与丧命咸阳而葬"。信还未发出,秦始皇就死在了沙丘行宫(今河北省邢台市广宗附近)。当时,秦始皇有23个儿子,留下姓名的有4人:长子扶苏,公子高,公子将间,幼子胡亥。

据山西省右玉县杀虎口博物馆档案资料记载:"秦代作为边陲之地的善无县(山西省右玉县),战略地位十分重要。大将蒙恬率军驻守，修建了连接全国交通网络的驰道，秦始皇病死河北沙丘后，取道善无县参合口（今山西省右玉县杀虎口镇），经云中郡入驰道，直道返回咸阳。"驰道是公元前222年开始，秦始皇大幅修筑的以国都咸阳为中心，向四面八方延伸的道路，类似现代的高速公路。

那么，为什么秦始皇死后要经过云中郡，取秦直道回咸阳呢?秦代当时建有著名的驰道：①上郡道；②临晋道；③东方道；④武关道；⑤秦栈道；⑥西方道；⑦秦直道。秦直道是秦始皇统一六国后为阻止和防范北国匈奴贵族的侵扰，令大将蒙恬率30万大军用两年时间修筑的南起咸阳林光宫（今陕西省咸阳市淳化县），北至九原郡（今内蒙古自治区包头市）的一条南北长达700多公里的军事通道。秦直道是由咸阳通往北境阴山间最近的道路，大体南北相直，故称"直道"。秦直道比闻名西方的罗马大道还要早200多年，是世界上公认的第一条高速公路。

按道理，秦始皇死在沙丘行宫，本应走出函谷关通河南、河北、山东的东方道回咸阳更近些，他们为何要沿着太行山东麓北上经云中郡走直道呢?

大家要知道，当时长子扶苏监军河套，大将蒙恬驻守善无县。出游时秦始皇的随从人员主要有：赵高、李斯、胡亥等，上卿蒙毅也在随行之列。蒙毅是蒙恬的亲弟弟、扶苏的亲信。奇怪的是，当秦始皇在途中病重时，蒙毅却被遣返回边关。

《史记·秦始皇本纪》记载："七月丙寅，始皇崩于沙丘平台。"秦始皇死后，赵高采取了说服胡亥威胁李斯的手法，二人在沙丘行宫经过一番密谋，假造秦始皇发布诏书，由胡亥继承皇位。同时，还以秦始皇的名义指责扶苏为子不孝，蒙恬为臣不忠，命他们自杀，不得违令。在得到扶苏自杀的确切消息后，胡亥、赵高、李斯才命令车队日夜兼程，经雁门郡善无县、过云中郡，取直道迅速返回咸阳。为了继续欺骗臣民，车队不敢走捷径回咸阳，只能按原计划绕道云中郡。由于暑天高温，秦始皇的尸体已经腐烂发臭。为遮人耳目，胡亥一行命人买了许多鲍鱼，装在车上，大概是因为当时鲍鱼不贵，但它的臭味古今未变，就这样，鲍鱼的味道掩盖了尸体的臭味，迷惑了众人。只可惜白白浪费了许多鲍鱼。

虽然秦始皇是带着鲍鱼和臭味经过云中郡的，但明代大思想家李贽在《藏书》中高度评价秦始皇："始皇帝，自是千古一帝也。始皇出也，李斯相之。天崩地坼，掀翻了一个世界。是圣是魔，未可其轻议，祖龙是千古英雄挣得一个天下。"

其实，云中郡当时的面积大，辖境大约包括今内蒙古自治区土默特右旗以东，大青山以南，卓资县以西，黄河南岸及长城以北。郡治云中城即今内蒙古自治区托克托县古城镇。至于秦始皇死后是否经过现在的托克托县，有待进一步考证。不过，根据当时的地理环境和交通状况，从杀虎口，经托克托县到包头市东河区的路线是可行可信的。

汉代

云中太守廉范与托克托

公元73年,"北匈奴大举进攻云中郡,云中郡太守廉范用奇计将其击败,北匈奴被斩杀及自相践踏而死者有数千人。从此,北匈奴军不敢再向云中进犯。"①

廉范,字叔度,赵国将领廉颇的后人。15岁时,廉范告别母亲到西州去接父亲的灵柩(廉范的曾祖父廉褒,在汉成帝、汉哀帝时期担任右将军;祖父廉丹,王莽时期担任大司马庸部牧)。在行进过程中,所坐的船只在河中碰到礁石,在即将沉没之际,廉范抱着父亲的灵柩不放,结果一起沉到水中。众人被他的孝心感动,把他用竿子钩出来,救治后他才活下来。最后,廉范和他的门客们徒步背着灵柩回到葭萌②。

廉范祖父的老部下,蜀郡太守张穆听说廉范的事情以后,曾派人骑马送给廉范财物,却被廉范推辞。

后来,廉范被聘到千乘郡(即青州乐安国,今山东省高青县)太守薛汉的府中,恰逢楚王刘英信奉黄老浮屠,与方士来

---

① 引自《托克托文物志》。
② 葭萌,今四川省广元市西南,三国时蜀汉改名汉寿。可能与关羽的汉寿亭侯有关。

往较密切，被人告发为谋逆，连累收捕者达千人，薛汉也因此受牵连，下狱而死。

这时，薛汉的故人、门生都不敢探视，只有廉范前去替薛汉收殓安葬。当地官吏禀报了汉明帝刘庄，皇上大怒，召廉范入宫。

皇上斥责廉范道："薛汉与楚王一同密谋，惑乱天下，你是公府的官员，不和朝廷保持一致，反而替罪犯收殓是为什么？"廉范叩头说："我愚蠢粗鲁，认为薛汉等人都已认罪处死，念及师生情谊①，便替他收殓，臣罪该万死。"

皇帝稍稍息怒后，问廉范："你是廉颇的后代吗？和右将军廉褒、大司马廉丹有亲属关系吗？"廉范回答："廉褒是我的曾祖父，廉丹是我的祖父。"皇上说："难怪你有胆子敢这么做！"

廉范因此出名，被推举为秀才②。没过几个月就升任为云中郡太守。

廉范当了云中郡太守后，表现还真是不错。

有一天，正赶上匈奴的军队大举入关。按照旧例，敌人入侵超过5000人，就要向周边的郡县发文书求救。当时，云中郡的官吏想要发出紧急公文向周边郡县求救，但是，廉范并没有听从他们的建议，而是亲自率领士兵上阵杀敌。由于当时敌人兵力过于强盛，廉范的军队无法抵抗。

傍晚时分，廉范心生一计。他命令士兵每人在自己的火

---

① 薛汉在汉光武帝刘秀时期，任职博士。
② 秀才，汉代以来选拔人才的一种察举科目。这里是优秀人才的意思，与后代科举的"秀才"含义不同。东汉人为避光武帝刘秀的名讳，改作茂才。

把上再绑上两把火炬,然后在敌人的三面都点起火把,顿时,军营里布满星星般的火把。敌人从远处看到火光,以为汉军的救兵到了,大为震惊,打算等天明后撤兵。①

紧接着,廉范又下一道命令。他让士兵们晚上在睡垫上吃饭,早晨前往阵前杀敌②。不一会儿,他们便斩获敌人的首级好几百,敌人互相践踏,又死了1000多人。此后,敌人再也不敢入侵云中郡了。

廉范在寡不敌众的情况下,连出两步妙棋:先是用"星列"般的火把吓退敌人,紧接着用袭击的办法把敌人打得晕头转向。

由于有廉范这样智勇双全、胆大心细的云中郡太守镇守北边,敌人望而生畏。

---

① 《后汉书·廉范传》:"会日暮,令军士各交缚两炬,三头爇火,营中星列。虏遥望火多,谓汉兵救至,大惊。待旦将退。"交缚,交叉缚扎;爇火,点火;星列,像星星一样布满;待旦,等到天亮。

② 《后汉书·廉范传》:"范乃令军中蓐食,晨往赴之。"蓐食,在睡垫上吃饭,形容吃得早。蓐,睡觉时垫在身体下面的东西。

敦煌太守裴遵与托克托

裴遵,云中郡人,汉代敦煌太守。

新朝末年,刘秀在家乡起兵。公元25年,刘秀与更始政权公开决裂,于河北鄗南千秋亭登基称帝,史称汉世祖光武帝。光武帝刘秀战败王莽、更始帝后,只剩盘踞在陇地(今甘肃省东部、陕西省南部)的隗嚣和蜀地(今四川省中西部)的公孙述与其抗衡,他们形成"小三国"的鼎力之势,陇蜀两大势力成为光武帝完成恢复汉室、统一天下的绊脚石。

公元33年,光武帝打败隗嚣,平定了陇地,得到安定、北地、天水、陇西四郡。

紧接着,光武帝刘秀召见了全国各地郡国和县邑的官吏。在召见过程中,光武帝发现裴遵是个很优秀的官员,于是命令他跟随自己去征讨蜀地的公孙述。

后来,光武帝回京时,命令裴遵率领偏师跟从大将军吴汉,配合主力部队讨伐公孙述。

公元35年底,光武帝刘秀终于打败了盘踞蜀地的公孙述。在这次战役中,裴遵立下了不朽战功。

早在公元25年东汉政权建立初期,匈奴贵族见东汉王朝无暇西顾,便在西域攻城略地,扩大势力。此时,莎车王延以及其子康,挺身而出,率领邻近各国,首举拥汉大旗。①

莎车王延死后,其子康即位。新即位的莎车王康非常关注中原战局,与东汉河西大将军窦融经常往来,窦融也非常了解西域情况。

公元29年,光武帝以东汉朝廷的名义立康为汉莎车建功怀德王西域大都尉。从此,西域55国皆听其号令,莎车王也就有了西域都护②的声威。

莎车王康死后,其弟贤即位。公元38年,莎车王贤与鄯善王安遣使要求东汉朝廷设置西域都护,恢复西汉以来正常的统辖关系,光武帝刘秀以内地初定,不遑③外顾,未允所请。

公元41年,莎车王贤又遣使者来奉献,并要求任都护之职。当时已入朝任大司空的窦融④向光武帝刘秀建议:应赐予莎车王贤西域都护印绶以及车旗锦绣。东汉朝廷采纳了窦融的建议,打算依靠莎车王贤稳定西域局势的同时,恢复西汉以来的正常统辖关系。

于是,汉光武帝赐给莎车王贤西域都护印绶、车旗、锦绣、黄金等。此时,敦煌太守裴遵对皇上说:"不能授给莎车王贤大权,以免让西域已归附的各国有所失望。"由于西域事宜在未设都护之前,敦煌太守最具发言权,光武帝又下诏书,收回了都护印绶,改赐莎车王贤为汉大将军印绶。莎车王贤的使者不肯更换,敦煌太守裴遵便硬把印绶抢了过来。

公元45年,莎车王贤日益骄横,想兼并整个西域,多次攻

---

① 元帝之世,莎车王延尝为侍子京师,慕乐中国。
② 护,带兵监护。都护,总监护,汉代官职。
③ 不遑,没有时间,来不及。
④ 窦融,在公元37年至44年任大司空。

打西域诸国，又征收沉重的赋税。各国又愁又怕，整个西域都处于不安定的状态之中。

车师、鄯善、焉耆等国都派侍子入侍汉廷。入见时，各国侍子都痛哭流涕地叩头，希望光武帝任命一个都护来保护他们。光武帝因中国初定，北边未服，归还所有侍子，并厚加赏赐。

西域各国听到汉廷没有派都护，非常忧恐，于是给敦煌太守裴遵写了一道檄文："愿意留下侍子让莎车王看，看到侍子留下，随即派出都护，望罢息战争。"

敦煌太守裴遵将此事上奏朝廷，获得汉光武帝刘秀的批准。

裴遵在任敦煌太守期间，为加强东汉和西域诸国的关系，做了许多有益的工作，促进了汉民族与西域少数民族在政治、经济、文化等方面的友好往来，对古代丝绸之路的建设起到了一定的作用。

汉文帝与托克托

汉文帝刘恒对云中郡的人和事操了不少心。

西汉文帝刘恒，汉高祖刘邦的第四个儿子。汉高祖刘邦死后，吕后专权，诸吕掌握朝廷军政大权。公元前180年，吕后一死，太尉周勃、丞相陈平等大臣把诸吕一网打尽，迎立代王刘恒入京为帝，是为汉文帝。

公元前179年，刚刚当上皇帝的刘恒，就遇上了云中郡太守孟舒被罢免一事。据《史记·田叔列传》记载：

汉文帝召见田叔，问田叔："先生知道谁是天下忠厚长者吗？"田叔回答："臣哪里能够知道！"皇帝说："先生是长者啊，应该能够知道。"田叔叩头说："从前的云中郡太守孟舒是长者。"当时，孟舒因为抵御匈奴犯边抢劫不力而触犯刑律，导致云中郡遭侵犯抢劫更为严重，孟舒最后被免职。文帝说："先帝安置孟舒任云中太守十多年了，匈奴入侵，孟舒就没有坚守，损了好几百号士兵。长者本该杀人吗？先生怎么能说蒙舒是长者呢？"田舒叩头回答："这就是孟舒为长者的原因。贯高等人谋反，皇上下达了确切明白的诏书，赵国有敢跟随赵王张敖的人罪及三族。然而，孟舒自己剃掉头发、颈带刑具，跟随赵王到他要去的地方，想要为他效死，自己哪能料到要做云中郡太守呢！楚汉长期对峙，士兵疲劳困苦，不忍心命令他们再作战，士兵们登城拼死作战，像儿子为父亲、弟弟为兄长打仗一样，有几百人战死。孟舒哪里是故意驱使他们作战呢！这就是孟舒是长者的原因。"于是，汉文帝说："孟舒真是贤德啊！"又召回了他，让他重新做了云中郡太守。

汉文帝后期，魏尚为云中郡太守。他爱护士兵，治军有方，效仿名将李牧的治军方法，把军市租税收入都用来犒劳士兵。他还拿出自己的薪俸，隔几天杀一头牛，犒劳他的宾客、军吏、舍人等，士卒都愿意为他效力。这样，云中守军士气如虹，军威大震，战斗力大增。每有匈奴人前来侵扰，魏尚就亲自领骑兵出击，且每次都能大获全胜。匈奴从来都是远远地躲着魏尚的军队，不敢靠近云中郡的要塞。

据《史记·张释之冯唐列传》记载：有一次，匈奴入侵，魏尚率领车骑出击，杀敌甚多。那些士卒都是平民百姓的子弟，从田野间出来从军。他们并不了解军中的规章条令，终日拼命作战，斩敌首，虏敌人，到幕府记录战功，可是稍有不合，文吏就以军法来制裁。后来，魏尚因为上报朝廷的杀敌数字与实际不符（只差6颗头颅）被削职查办。

魏尚的好友郎中署长冯唐认为对魏尚的处罚不当，并当面向汉文帝直谏："我愚蠢地认为陛下的法令太严，奖赏太轻，惩罚太重。况且云中郡太守魏尚只犯了错报多杀敌6人的罪，陛下就把他交给法官，削他的爵位，判处一年的刑期。由此说来，陛下纵然得到像廉颇、李牧那样的将才，也不懂得任用。"汉文帝觉得冯唐讲得有道理，当日就令冯唐拿着符节去赦免了魏尚的罪，再度任其为云中郡太守，同时又任命冯唐为车骑都尉，统领中尉和郡国的车战之士。后来，冯唐活了90多岁。

历代感叹冯唐一生的人很多。唐代著名诗人王勃在《秋日登洪府滕王阁饯别序》中说："嗟乎！时运不齐，命运多舛。冯唐易老，李广难封。"宋代诗人苏轼，在他渴望得到朝廷召唤的时候，在山东诸城写下了《江城子·密州出猎》：

老夫聊发少年狂，左牵黄，右擎苍，锦帽貂裘，千骑卷平冈。为报倾城随太守，亲射虎，看孙郎。

酒酣胸胆尚开张，鬓微霜，又何妨？持节云中，何日遣冯唐？会挽雕弓如满月，西北望，射天狼。

王莽与托克托

西汉后期王莽专权改朝换代(公元9—23年),给云中郡这片土地上的人们带来诸多麻烦,甚至危及他们的生命和财产安全。

早在公元前51年,北方匈奴政权的呼韩邪单于①,朝见汉宣帝于甘泉宫(今陕西省淳化县西北),受特殊礼遇。

公元前33年,呼韩邪单于第三次朝汉,自请为婿,娶宫女王嫱(王昭君)为妻,号为宁胡阏氏。此后,汉与匈奴40余年无战事。

之后,由于王莽新政失误,致使在云中郡这片土地上重新燃起了熊熊战火。

据《资治通鉴·汉纪二十九·王莽中始三年》记载:王莽当政后,听信个别大臣的馊主意,对北方匈奴政权采取分化拉拢的政策,招诱呼韩邪各部的大小头目并加封官爵,试图割裂其势力,因而激怒了当时匈奴政权的栾提知②单于,给边关带来了巨大的灾祸。

事情的经过是这样的:公元11年,即莽建三年,王莽命令

---

① 呼韩邪单于,王昭君的丈夫。
② 栾提知,呼韩邪的儿子。

中郎将蔺苞、副校尉戴级率领 10000 名骑兵,携带大量金银财宝前往云中边塞,招诱匈奴呼韩邪单于的儿孙们,打算按照顺序封他们为 15 个单于。蔺苞、戴级先派翻译出塞,将左犁污王栾提咸以及他的儿子栾提登、栾提助等 3 人,诱骗到云中塞下。到达后,他们就用威胁利诱等手段,封栾提咸为孝单于,栾提助为顺单于,给了他们厚重的赏赐,并用朝廷驿车把栾提登、栾提助接到长安。

从云中郡回来后,王莽封蔺苞为宣威公,任命为虎牙将军;封戴级为扬威公,任命为虎贲将军。当时的匈奴单于栾提知听到上述消息后,勃然大怒,说:"先单于受过汉宣帝的恩惠,我们不能辜负。可如今的皇帝并不是宣帝的子孙,凭什么坐上宝座?"于是,派左骨都侯、右伊秩訾王栾提呼卢訾、左贤王栾提乐,率军进攻云中郡益寿塞。

从这以后,匈奴单于栾提知逐个地告诉左右部都尉和各沿边亲王侵入西汉边塞,规模大时有 10000 人,中等规模有数千人,规模小时则数百人。他们击杀雁门郡(今山西省右玉县东南)太守、朔方郡(郡治朔方,今内蒙古自治区杭锦旗北黄河南岸)太守以及两郡的都尉,同时掳掠无数官吏百姓、牲畜财产,沿边郡县空虚衰败。

这时,在北方边塞的各位将军,因大军集结没有完成,不敢出击匈奴。讨秽将军严尤给王莽上书,提出了以下几个方面的问题和建议:

第一,国家正遭受灾荒,连年饥馑,西北边陲尤为严重。而朝廷却动员大军 30 万人,供给 300 天口粮,东方搜刮到海滨、贷山,南方搜刮到长江、淮河,然后才齐备。计算道路,大军一年都不能集结。先到边塞的军队聚居在露天,士气已衰,武器已钝，仅在气势上就已不可以作战。

第二，边塞已经空虚，无法供应粮秣，从内地各郡各封国征集运送，又相互接续不上。

第三，总计一个士兵300天所用干粮，就要18斛①，不用牛力运输，是不能胜任的。而牛本身也要饲养，需再加20斛，负担就更重了。匈奴境内，都是沙漠碱地，大多缺乏水草，拿往事揣度，大军出发不满100天，牛必然倒毙，剩下的粮秣还很多，士兵却无法携带。

第四，匈奴地区秋冬之季天气苦寒，而春夏又有大风，军队要多带炊具、木柴、炭火，重得人几乎搬运不动。吃干粮饮水，经历一年四季，军队里还可能会发生疾病瘟疫。因此，之前讨伐匈奴的军事行动都不超过100天。这并不是因为不想持久，而是因为力量不够。

第五，大军自己携带物资补给品的话，轻装的精锐部队就很少了，不能快速推进，即使敌人慢慢撤退，也无法追及。如果幸而追及，却又被物资等拖累。如果遇到险要而难以通行的地方，大军鱼贯而进，后面的马头紧接前面的马尾，敌人如果前后夹击，危险就更不能估测了。

综上所述，大量使用民力，功业又未必能够建立，所以严尤深深地忧虑。而今既然已征调军队，应让先到边塞的部队发动攻击。严尤愿领兵深入敌境，以雷霆万钧之势进击，给匈奴一个重创。

王莽不听严尤的建议，如同从前，把战士和粮秣运往边塞，导致天下动乱不安。几年间，北方边疆一片荒凉，野外常见无人掩埋的白骨，云中郡的情况更为严重。

---

① 一斛等于十斗，同"石"。

云中太守成严与托克托

公元121年,"八月,鲜卑入侵居庸关。九月,云中太守成严带兵抵抗,战死疆场"①。

事情的经过是这样的:早在汉朝建立之前,中国北方生活着一个古老的民族——东胡。春秋战国时期,原本南临燕国的东胡被燕国所破,迁徙到西辽河的上游老哈河、西拉木伦河流域。秦末之时,又因匈奴的崛起,东胡人败给匈奴冒顿单于,被迫退至大兴安岭的乌桓山和鲜卑山,形成了乌桓和鲜卑两个民族。②

公元120年,辽西鲜卑部族首领乌伦、其至鞬率领部众向东汉度辽将军③邓遵投降,并献上了贡品。东汉安帝刘祜下诏书封乌伦为率众王,封其至鞬为率众侯,赏给他们不同数目的彩色丝帛。

公元121年秋,鲜卑部族首领其至鞬率领部众反叛东汉王朝,率领彪悍铁骑,大举入侵东汉的居庸关,致使今北京市

① 引自《托克托文物志》。
② 林幹《东胡史》记载:由于鲜卑与乌桓原本同出于东胡,故《后汉书·鲜卑传》说"言语习俗与乌桓同。"
③ 度辽将军,负责维护东汉北部边防安定和处理北方民族政务的三品将军。按柏杨的话讲:叫作"北疆边防司令"。

昌平区等地成为战场,当时的幽州等地危在旦夕。

时任云中太守的成严,毅然率军进行强力反击,终因寡不敌众,兵败身殒。在最后一刻,功曹①杨穆用自己的身体保卫太守成严,可惜还是一起战死沙场。

云中太守成严的历史资料比较少,具体生平不详,有关成严与鲜卑战于居庸关的前因后果,只有《后汉书·鲜卑传》记载比较详细。

清代四库全书版的《资治通鉴》中这样记载:"鲜卑其至鞬寇居庸关。九月,云中太守成严击之,兵败,功曹杨穆以身捍严,与之俱殁。"

除《资治通鉴》外,在《山西通志》等史籍中,也有成严战鲜卑于居庸关的类似记录,但都比较简单。

《山西通志》对成严和杨穆有如下的记载:"成严为云中太守,建光元年,击其至鞬,兵败,力战殁。杨穆,为云中太守成严功曹,建光元年秋,其至鞬寇居庸,严击之,兵败,穆以身捍严,与俱战殁。"

柏杨版的《中国历史年表》更为简单:"鲜卑攻居庸关(今北京市昌平区),云中太守成严战死。"

王培义在《托克托史话》中记载:"公元121年,即安帝建光元年,南匈奴万氏尸逐侯鞮单于二十三年,鲜卑其至鞬又叛乱,寇掠居庸,云中太守成严迎击兵败,耿夔与幽州刺史庞参前往救援,杨穆以身护成严一起战死。"

笔者写到这里,不禁感叹:许多历史人物,他们的光辉如

---

① 功曹,在汉代为郡守或县令的主要佐史,主管考察记录业绩。其实秦代即有此官职,如沛县功曹萧何。

流星一般一闪而过，最终被湮没在浩瀚的文山史海中，而不为后人所知，或知之甚少。曾经为抵抗鲜卑，战死于居庸关的成严、杨穆就包括在其中。

今日翻看历史，不禁赞叹。在面临国家危难、个人生死考验的关键时刻，他们以一腔热血，一身风骨，赢得了生前身后名。尤其是云中太守成严的功曹小吏杨穆，因"以身捍严"，舍身相救、相从的这一壮举，与封疆大吏云中太守成严一同名垂青史。

最后，我们以杜甫的《戏为六绝句》(其二)作为结束语：

王杨卢骆当时体，轻薄为文哂未休。

尔曹身与名俱灭，不废江河万古流。

周勃、樊哙与托克托

公元前196年，"陈豨造反，汉将樊哙攻打陈豨，攻入代郡、雁门、云中。"①

"周勃以太尉击陈豨。……因转攻得云中太守和丞相箕疑、将军博。定云中郡所属十一县。"②

周勃、樊哙是汉初著名的两员大将。这两员大将很有来头：

樊哙，沛县（今江苏省沛县）人，早年以屠狗为业。樊哙是汉高祖刘邦的发小、连襟，其夫人是吕后的妹妹吕媭。官拜大将军、左丞相，被封为舞阳侯、谥武侯。四川宣汉县有一个樊哙镇。

周勃，沛县人，早年以织薄曲③为生，常以吹箫助人料理丧事④。

周勃是汉代名将周亚夫的父亲，官拜太尉、右丞相，后被封为武威侯、绛侯，食邑8180户⑤。

---

① 引自《托克托文物志》。
② 引自《托克托文物志》。
③ 织薄曲，编织养蚕的器具。
④ 即今天的吹鼓手。
⑤ 接近万户侯。

周勃为人质朴刚强，老实敦厚，不善言辞。刘邦认为可以委托大事，并对人说："安刘氏者必勃也。"

后来，周勃的长子胜之娶了汉文帝刘恒的女儿，即汉高祖刘邦的孙女。

公元前196年，汉高祖刘邦镇压陈豨叛乱后，封刘恒为代王。

事情的经过是这样的：

陈豨，秦末汉初宛朐（今山东省菏泽市）人，汉高祖刘邦的部将，初为代国相国，后为赵国相国。

公元前200年，陈豨封代相时，进京觐见刘邦，同时也去拜见了韩王信。韩王信对陈豨说："你今天能得此重任是因为得到皇帝的信任，但陛下生性多疑，若一人告你谋反陛下可能不信，若多人告你谋反，陛下必起疑心，恐怕你就要灾祸临头了。"

同年冬天，韩王信①反叛逃入匈奴，汉高祖刘邦到平城（今山西省大同市）而回。封陈豨为列侯，以赵国相国的身份率领督统赵国、代国的边防部队，这一带戍卫边疆的军队统归他管辖，其中包括云中郡。

公元前197年，刘邦的父亲刘太公去世，刘邦派人召陈豨进京，但陈豨称自己病情严重。九月，他便与王黄②等人一同谋反，自立为代王，劫掠了赵、代两地。

汉高祖刘邦担心赵、代两地全部落入陈豨之手，于是就以金钱收买陈豨的部下，最终，陈豨的老部下大部分投靠了汉高

---

① 引自《托克托文物志》。
② 王黄，陈豨的胡人别将。

祖。因为陈豨的将领都是燕将乐毅之孙叔的好友，汉高祖把叔封在乐乡，号华成君。

公元前196年，刘邦亲征陈豨，要韩信随行，韩信心怀鬼胎，托病不从，要留在长安。吕后、萧何以计处决韩信于未央宫钟室。

在此次战役中，樊哙攻打韩王信于代，自霍人（今山西省繁峙县东郊）至云中与周勃共定叛乱。

周勃攻打韩王信于代，霍人以城降，前锋打到云中郡武泉（今内蒙古自治区呼和浩特市东北），在其北打败匈奴骑兵。在楼烦（今山西省宁武县），俘获了陈豨的将领宋最、雁门太守圂，转而进攻云中，捉拿了太守遫、丞相箕肆、将军博。斩陈豨于当城（今河北省蔚县东北，故代郡东北）。

汉高祖刘邦返回洛阳后，出于平叛和抗击匈奴的战略考虑，颁诏说："代地处于常山（今河南省元氏县西北）的北面，与匈奴邻北边。赵国是从山南设立的，地处遥远，常有胡寇骚扰，难以立国。割山南太原的地盘给代，代的云中以西为云中郡，那么代地受边寇的侵扰自然就少了。"同时，汉高祖刘邦立第四子刘恒为代王，以晋阳（今山西省太原市西南）为都，刘恒即后来的汉文帝。

王培义在《托克托史话》中讲到关于汉高祖刘邦诏书里的这段话："这里点出了设立云中郡的时间。"

北魏

太武帝与托克托

太武帝拓跋焘是北魏第三位皇帝,南北朝时期著名的军事家、政治家。太武帝,鲜卑族,公元408年生于代郡平城(今山西省大同市)。平城是北魏王朝从故都盛乐(今内蒙古自治区和林格尔县)迁往的地方,是北魏新的都城,孝文帝拓跋宏时又迁都洛阳。

太武帝拓跋焘享年45岁,在位29年,死后葬于云中金陵(今内蒙古自治区托克托县古城乡),庙号世祖,谥曰太武皇帝。

金陵遗址是规模宏大的北魏帝王陵寝,位于内蒙古自治区托克托县古城乡,总面积51870平方米。站在古云中城北墙残垣的最高处,向西北方向瞭望,坦荡无垠的原野上兀立着难以计数的大大小小不同的封土堆。从葬于金陵的第一人到最后一人,时间相隔128年。

《魏书》记载:"世祖聪明雄断,威灵杰立,藉二世之资,奋征伐之气,遂戎轩四出,周旋险夷。扫统万,平秦陇,翦辽海,荡河源,南夷荷担,北蠕削迹,廓定四表,混一戎华,其为功也大矣。"

《魏书》中记载的太武帝"扫统万"和"北蠕削迹"时,曾3次到过现在的托克托县。

公元424年，拓跋焘即位不久，北部柔然汉纥升盖可汗大檀率领6万骑兵攻入云中，杀掠吏民，抢劫财物，攻陷盛乐故都。拓跋焘率轻骑讨之，亦陷入重围，全赖殊死拼战，才使柔然兵退。

公元425年，大夏的立国者赫连勃勃病死，其子赫连昌继位。拓跋焘听闻赫连勃勃的几个儿子相互争斗，关中大乱，遂想乘机攻伐。

公元426年10月，太武帝拓跋焘趁夏国内乱，亲自带领数万大军西伐大夏国。《魏书·太武帝纪》记载："冬十月丁巳，车驾西伐，幸云中，临君子津（今内蒙古自治区托克托县河口村南）。会天暴寒，数日结冰。十有一月戊寅，帝率轻骑二万袭赫连昌。"当时，正遇天气暴寒，待黄河水结冰后，拓跋焘率两万轻骑从君子津处的冰上渡过黄河，直奔大夏国都统万城（今内蒙古自治区乌审旗南），兵至黑水（今陕西省横山西北长城外无定河北岸的支流淖泥河），离统万城30余里。

当日乃冬至，赫连昌正在宫中大宴群臣，突然听到魏军兵临城下，上下惊恐。赫连昌匆匆忙忙领兵迎战，结果大败而归，赫连昌退入宫内，紧闭大门。第二天，拓跋焘见难以攻下，便获牛羊10余万头后，徙民户万余家而归。

当时的统万城确实难攻，赫连勃勃建造的大夏国都统万城，城高十仞，其厚三十步，上广十步，宫墙五仞，易守难攻。

公元427年5月，太武帝留下龙骧将军陆俟督诸军以防柔然，自己率众离开平城，从君子津渡过黄河至拔岭山筑城。

《魏书·太武帝纪》记载："三月丙子，遣高凉王礼镇长安。诏执金吾桓贷造桥于君子津。""5月，车驾西讨赫连昌。辛巳，济君子津。""帝次拔邻山，筑城，舍辎重，以轻骑三万先行。"

　　太武帝第二次西伐与第一次不同的是:这次先让北魏首都平城的卫戍司令桓贷造桥于君子津,从阴山砍伐了木材,造船数百条,再用木板铺于船上,连环为浮桥,让大军从桥上渡过黄河。

　　魏军这次攻打大夏国首都统万城时,拓跋焘将主力埋伏在山谷中,以少量骑兵直抵城下,故意示弱,引诱固守统万城的大夏军脱离坚城。当夏军出城追逐时,又采纳崔浩分兵潜出袭其后之计大获全胜,俘虏赫连昌。

　　传说,在第二次攻打大夏国时,太武帝曾微服涉险。当夏军溃败后,拓跋焘决定穿上夏国的军服进入统万城一探虚实,拓跋齐劝阻无效。于是,拓跋焘、拓跋齐还有数名魏军将士,换上了夏军将士的服装,跟随夏军的溃兵,进入统万城。可是,有的溃兵曾看到他们换衣服的场面。统万城守军在获知这个消息后,关闭了所有的城门,防止混入的魏军出城。拓跋焘、拓跋齐等数人装作若无其事的样子,混入夏国的皇宫,拿到了一些裙子。到了晚上,他们把这些裙子系好,并把一端系在槊上,把槊卡在城垛上。趁着夜色,他们沿着这些裙子,顺利地滑下了巍峨的统万城城墙。

　　话说回来,传说归传说,有待进一步考证。

花木兰与托克托

一、花木兰参军作战的历史背景

在南北朝时期,从公元4世纪末开始,大漠南北兴起了柔然族。根据《魏书·蠕蠕传》的记载,"柔然"是柔然人自己的称呼,"蠕蠕"则是北魏统治者拓跋焘对其鄙视而把其改称的。

北魏与柔然之间曾发生过长期的战争。柔然,在公元4世纪中叶,于蒙古高原鄂尔浑河和土拉河流域建立政权,经常骚扰北魏。

公元402年,北魏道武帝拓跋珪发兵进攻柔然的黜弗部和素古延部,夺马3000余匹,牛羊7万余头。柔然可汗社仑遣骑往救。从此,柔然与北魏双方战争不断①。

公元423年,北魏从今河北省赤城县,沿内蒙古自治区南部,西至包头市,建筑长城,延袤2000余里,备置戍卒,设"镇"防守②。但柔然统治者仍然继续攻打长城,还侵扰边缘各郡。

公元424年,柔然大檀可汗听闻北魏开国皇帝道武帝拓跋珪之子明元帝拓跋嗣去世,遂率6万骑攻入北魏云中③,杀掠

---

① 《魏书·太宗纪》。
② 即北魏设置六镇之始。
③ 北魏云中,林幹认为在今内蒙古自治区托克托县,王培义认为在秦汉云中与定襄故城间。

吏民,攻陷盛乐宫①,剑指平城②,北魏王廷震动。

北魏刚继位的皇帝叫太武帝拓跋焘,继位时19岁。他曾在12岁当太子时,就远赴河套地区保卫长城,抗击柔然的入侵,把边塞军务整顿得有声有色。他对柔然的战术颇为熟悉,遂力排众议,在军情十分紧急的情况下率2万骑兵御驾亲征,从平城三日两夜,奔赴云中救援。

柔然依仗人多,大檀可汗的骑兵将太武帝拓跋焘包围了50余重,马首对马尾,依次相连,仿佛墙一样,水泄不通。北魏的战士们慌恐万分,胆战心惊,吓得面如土色。然而太武帝拓跋焘神情若定。战士们见拓跋焘稳如泰山,方才定下心来。后因柔然国中争位,后院起火,大檀可汗不得不撤军返国。③

公元428年,柔然大檀可汗派儿子率骑兵2万余入塞。翌年,再次入侵,北魏实行坚决反击。太武帝拓跋焘亲自率领大军出征,分东西两路,同会柔然汗庭。大檀可汗大败,率众西走,部落四散,牲畜丧失无数。

太武帝拓跋焘执政期间先后13次出兵伐柔然胜利11次,另有两次由于柔然先遁逃而没有战果。其中,公元429年的战果最为辉煌。

二、花木兰及《木兰辞》

花木兰(公元412年—502年),中国南北朝时期一位传说色彩极浓的巾帼英雄,最早出现于南北朝时期的民歌《木兰

---

① 盛乐宫,北魏故都。
② 平城,北魏新都。
③ 另一说:柔然大将于陟斤被北魏军射杀,引起混乱。

辞》中。在332字的《木兰辞》中并没有提到木兰姓花,但祖冲之在《述异记》中提到过。

北魏时期,北方柔然与北魏不断发生冲突,北魏政权规定每家出一名男子上前线打仗。但是,木兰的父亲年事已高又体弱多病,无法上战场,弟弟年龄尚幼,所以木兰决定女扮男装替父从军。

中国古典文学专家余冠英先生认为,最可能的情形是事和诗都产生在后魏[1],因为后魏与柔然的战争和诗中的地名相合。

《木兰辞》中写道:

旦辞爷娘去,暮宿黄河边。

不闻爷娘唤女声,但闻黄河流水鸣溅溅。

旦辞黄河去,暮至黑山头。

不闻爷娘唤女声,但闻燕山胡骑鸣啾啾。

文中的黑山在今内蒙古自治区呼和浩特市东南百里处,托克托县黑城东。

公元429年[2],北魏太武帝拓跋焘抓住柔然"夏则散众放畜"之机,决定北伐柔然,便是"车驾出东道,向黑山"[3],"北度燕然山(今蒙古国杭爱山),东西五千余里,南北三千里"[4]。

笔者认为,花木兰在参军的12年里,参加了北魏破柔然

---

[1] 后魏,即北魏
[2] 当时花木兰17岁。
[3]《北史·蠕蠕传》。
[4]《北史·蠕蠕传》。

的黑山之战和燕然山之战。战争结束后,朝廷欲授予花木兰尚书郎,但被她婉言拒绝了。

《木兰辞》里反映了当时北方民族的尚武风气,表达了北方人民憎恶战乱、渴望和平的意愿,对木兰更是全面赞扬——勤劳善良,端庄从容,英勇战斗,保家卫国。尤为重要的是,《木兰辞》中认为,花木兰冲击了封建社会男女不平等的思想。

北魏另一首民歌也反映了当时北方民族的尚武风气。

企喻歌

男儿欲作健,结伴不须多。
鹞子经天飞,群雀两向波。

"六镇起义"与托克托

公元524年,发生了历史上著名的"六镇起义"①。其中,沃野镇起义被历史学家列为影响中国历史的百件重大历史事件之一。当时,北魏孝明帝派出了以临淮王元彧为大都督的讨伐大军屯驻云中郡。

"塞上六镇"是指北魏在北方边境上设立的6座军镇,分别是位于今内蒙古自治区五原县西北的沃野镇,位于今内蒙古自治区包头市北的怀朔镇,位于今内蒙古自治区武川县的武川镇,位于武川县东北的抚冥镇,位于今内蒙古自治区兴和西北的柔玄镇和位于今河北省张家口市北的怀荒镇。

六镇不设州郡,以镇、戍领民,称为镇民,主要是鲜卑拓跋部的部民,开始时地位较高。随着北魏疆域的扩大,来了许多大族豪强和部落酋帅。文成帝以后,戍边的囚犯不断进来,镇民的地位日益下降。

北魏孝明帝末年,政治腐化,权贵奢侈,赋役、兵役繁重。长期戍守北边沃野等六镇的将士,因首都南迁洛阳,待遇骤降

---

① 六镇起义,实际上公元523年就爆发了:怀荒镇民愤镇将于景不发粮廪,杀景反。

以及积累日久的矛盾,遂爆发起义。①

公元524年3月,沃野镇匈奴人破六韩拔陵因与"高阙戍主,率下失和",就杀掉戍主造反,聚众起义后自称真王,改号元年。②

起义军旋即攻克沃野镇,诸镇军民纷纷响应。破六韩拔陵派别将卫可孤包围了武川镇和怀朔镇,怀朔镇镇将杨钧以贺拔度拔为统军,贺拔度拔的3个儿子贺拔允、贺拔胜、贺拔岳为军主,拼命抵抗卫可孤。卫可孤虽然兵力强大,但也久攻不下怀朔镇,双方僵持到次年4月。

怀朔镇处境越来越危急,镇将杨钧遂派贺拔胜率领10余名不怕死的少年骑兵,在夜间瞅空突围而出,向临淮王元彧求援。卫可孤的骑兵追上了他们,贺拔胜大喊:"我是贺拔破胡。"追兵们吓得不敢再逼近了。

贺拔胜终于来到云中,见到了临淮王元彧,向他游说道:"怀朔镇被围,沦陷于敌手就在眼前,大王现在却按兵不动。如果怀朔陷于敌手,那么武川镇也将告危,那时贼寇的锐气将百倍增加,即使有张良、陈平在,也无法为大王您计议了。"临淮王元彧答应出兵救援怀朔。

贺拔胜返回后,又重新冲破突围进入怀朔镇。紧接着,镇将杨钧又派贺拔胜出城去侦察武川镇的情况,发现武川镇已经失陷。贺拔胜快马驰还,当贺拔胜将这个坏消息带回后,怀朔镇人心沮丧,怀朔镇很快也被攻破,贺拔胜父子四人全部被

---

① 万绳南:《陈寅恪魏晋南北朝史讲演录》,黄山书社,2000年,279页。
② 《魏书·肃宗纪》:"三月,沃野镇人破落汗拔陵聚众反,杀镇将,号真王元年。"

破六韩拔陵的别将卫可孤俘虏。

5月,临淮王率军与破六韩拔陵决战十五原,兵败后被朝廷削除官爵。紧接着,安北将军陇西李叔仁又败于白道(今呼和浩特市北),从此起义军势力日益强盛。

不久,北魏朝廷改派老将李崇为北讨大都督,命抚军将军崔暹、镇军将军广阳王元渊(后改为深),皆受李崇节度。

7月,崔暹违反李崇的节度,与破六韩拔陵战于白道,一败涂地,仅单人匹马逃了回来。破六韩拔陵集中兵力攻打李崇的部队,李崇全力迎战也抵挡不住,便带领部队回到云中,与破六韩拔陵的部队形成对峙状态。

8月,东西两部的高车部族人也反叛北魏,依附了破六韩拔陵。从此,起义军日益强盛。

在六镇军卒中,除鲜卑人外还有许多高车人(也叫敕勒人)。当初,破六韩拔陵别将卫可孤攻克怀朔镇后,大部分军民被编入了起义军中,其中有一位特殊的人物,他就是原怀朔镇军主,后被破六韩拔陵封为王的高车人斛律金。斛律金就是《敕勒歌》的创作者,是敕勒族①人,南北朝时期北魏、东魏、北齐三朝的将领,活到了80岁。今天,我们就以《敕勒歌》来作为这篇文章的结束语:

敕勒歌

敕勒川,阴山下。

天似穹庐,笼盖四野。

天苍苍,野茫茫,

风吹草低见牛羊。

———————————

① 敕勒族,高车族、丁零族。

隋朝

隋炀帝与托克托

隋炀帝杨广不仅是一位帝王,而且还是一位诗人。他有一首诗叫《野望》,是这样写的:"寒鸦飞数点,流水绕孤村。斜阳欲落处,一望黯销魂。"意思是说:千万点的寒鸦飞起落下,孤单的村庄被流水环绕,斜阳欲落,暮霭渐逼,望之令人黯然销魂。乍一看,我以为这首诗是写北方情景的,但它实际上描写的是南方孤村晚景,而且是杨广当皇帝前写下的。自从当了皇帝以后,杨广写北方情景的诗就多了起来,这从《全隋诗》中可以看得出来。大家都知道《全唐诗》,但对《全隋诗》知之甚少。从诗中可以看出,隋炀帝不仅多次到过北方,而且在内蒙古自治区托克托县境内巡游过一段时间。

现今,在托克托县河口镇隔河相望的地方,有一个十二连城乡,属鄂尔多斯市准格尔旗管辖。在隋朝的时候,十二连城是榆林郡治所所在地。经1976年的考古证实,榆林郡的治所榆林城,在鄂尔多斯市东北部准格尔旗十二连城乡。汉代为沙南县城,隋文帝于公元583年在沙南县城故址上修建榆林城,亦称"榆林关",公元600年改为胜州,公元607年又将胜州改为榆林郡。托克托县旧城的那座古城遗址叫东胜州。当年,隋炀帝就是从这里渡过黄河到达托克托县河口镇的。

唐代诗人王维后来登临榆林城时,写下了《榆林郡歌》①，诗中写道：

> 山头松柏林，山下泉声伤客心。
>
> 千里万里春草色，黄河东流流不息。
>
> 黄龙戍上游侠儿，愁逢汉使不相识。

《隋书》记载：大业三年（公元607年），隋炀帝"亲巡云内（云内即云中，隋朝时，为了避隋文帝杨坚之父杨忠的名讳，云中改为云内），沂金河②而东"。隋炀帝亲巡云内后，要到哪里去呢？是去启民可汗的牙帐大利城。当时随驾卫士和兵卒约55人，战马10万匹，会见启民可汗及突厥、奚、室韦、沙陀等部族首领共3500余人。

启民可汗是突厥族的一个首领，在隋朝皇帝的大力扶持下，成为东突厥的可汗。东突厥臣服于隋，当时就驻牧于白道川，就是今土默川一带。隋文帝杨坚特地为启民可汗在今和林格尔县土城子乡一带修建了大利城，作为他的牙帐。当然，也有考古学者说大利城在托克托县境内。总而言之，大利城离托克托城不远。

隋炀帝为向北方的各少数民族耀武扬威，就于公元607年6月经雁门马邑（今山西省朔县）驾临榆林（今准格尔旗十二连城乡）。8月，隋炀帝决定巡视云内，并到启民可汗的牙帐大利城。关于这次北巡，历史学家范文澜先生在其著作《中国

---

① 选入《全唐诗》第125卷第104首。
② 据《中国古今地名大词典》记载：金河，古水名。即内蒙古呼和浩特南、托克托县北之大黑河，下游汇为金河泊，南入黄河，其泥色紫，故曰金河。

通史简编·隋·隋炀帝》中记载："大军出榆林,游行突厥故地(今内蒙古自治区托克托县境内),受启民可汗朝见。"

隋炀帝在巡视云内的过程中,与突厥启民可汗等多民族首领共同缔结了"金河之盟",成为一段民族团结的历史佳话,在经历数千年漫长流逝的岁月后,仍难以抹去其曾经的辉煌和传奇。

自此以后,突厥、汉等民族得以休养生息,史载:"出现人民羊马,遍满山谷"的兴旺景象。白道川的农业空前发展,致使"边戍无馈运之忧。"

隋炀帝在此次盛会中,兴奋之余赋诗一首:

鹿塞鸿旗驻,龙庭翠辇回。

毡帐望风举,穹庐向日开。

呼韩顿颡至,屠耆接踵来。

索辫擎膻肉,韦鞴献酒杯。

何如汉天子,空上单于台。

后来,突厥启民可汗到东都洛阳,受到隋炀帝热情款待,特在芳华苑积翠池畔大演汉、晋、周、齐各代百戏。《隋书·音乐志》对这次百戏演出,书有"千变万化,旷古莫俦"的惊叹之语。

隋唐时期的金河县与托克托

隋朝的金河县在今内蒙古自治区托克托县前后两次设置了18年，唐代设置了82年，共计100年。

《隋书》第74卷《赵仲卿传》记载：公元597年，"一朝廷虑达头掩袭启民，令仲卿屯兵二万以备之……明年，督役筑金河、定襄二城，以居启民"。

隋唐时期的金河县地理位置非常重要，许多历史人物在此留下了足迹。

据《旧县志》记载："隋金河县旧址当在今托克托县哈拉板申东梁之汉云中郡沙陵故城处（云中郡沙陵县）。"

金河：古水名，即今呼和浩特市南、托克托县北的大黑河，下游汇为金河泊，向南流经托克托古镇河口汇入黄河，金河县因河得名。金河历史悠久，《汉书·地理志·定襄郡》称金河为"荒干水"："荒干水出塞外，西至沙陵入河。"郦道元在《水经注·河水》中称金河为"芒干水"。

据《元和郡县图志》卷4记载：榆林县（今内蒙古自治区准格尔旗十二连城乡）东北10公里处有"金河泊"，在今黑河下游入黄河处，当因金河所汇得名，即古沙陵湖（沙陵县因湖得名）。

《隋书·突厥传》记载："大业三年（公元607年），炀帝幸榆

林。""帝亲巡云内,泝("泝"同"溯")金河而东,北幸启民①所居。启民奉觞上寿,跪伏甚恭。帝大悦,赋诗曰:

鹿塞鸿旗驻,龙庭翠辇回。

毡帐望风举,穹庐向日开。

呼韩顿颡至,屠耆接踵来。

索辫擎膻肉,韦鞲献酒杯。

何如汉天子,空上单于台。②

《资治通鉴》:公元607年,炀帝"车驾发榆林,历云中,溯金河"。

"金河"一词在《全唐诗》中一共出现过20多次,大多数与边塞、荒凉、僻远、烽烟、风俗、风光、战争以及边塞建功的理想和思乡盼归的感情相联系。下面列举几首唐代诗人的诗:

一、杜牧的《早雁》

金河秋半虏弦开,云外惊飞四散哀。

仙掌月明孤影过,长门灯暗数声来。

须知胡骑纷纷在,岂逐春风一一回。

莫厌潇湘少人处,水多菰米岸莓苔。③

---

① 启民,突厥启民可汗。
② 顿颡,叩头。屠耆,匈奴语,圣贤。索辫,用绳子把头发扎成辫子样,代指突厥女人。韦鞲,皮制的臂衣,代指突厥男人。
③ 秋半,八月。虏弦开,指回鹘南侵。仙掌,指长安建章宫内铜铸仙人举掌托起承露盘。长门,汉宫名,汉武帝时陈皇后失宠时幽居长门宫。莫厌,一作"好是"。

诗词的大意是:8月金河边地回鹘士兵拉弓射箭,雁群为之惊吓得四散远飞,哀声连连。明月之夜孤雁掠过承露仙掌,哀鸣声传到昏暗的长门宫前。应该了解北方正当烽烟四起,再也不能随着春风回归家园。请莫嫌弃潇湘一带人烟稀少,水边的菰米绿苔可免受饥寒。

二、柳中庸的《征人怨》

岁岁金河复玉关,朝朝马策与刀环。

三春白雪归青冢,万里黄河绕黑山。①

诗词的大意是:年复一年戍守金河保卫玉关,日日夜夜都同马鞭和战刀做伴。3月白雪纷纷扬扬遮盖着昭君墓,滔滔黄河绕过黑山,又奔腾向前。

三、雍陶的《赠金河戍客》

贯猎金河路,曾逢雪不迷。

射雕青冢北,走马黑山西。

戍远旌幡少,年深帐幕低。

酬恩须尽敌,休说梦中闺。②

————————

①玉关,玉门关。朝朝,每天,日日夜夜。马策,马鞭。刀环,刀柄上的铜环,喻征战事。三春,暮春。青冢,两汉时王昭君的坟墓,在呼和浩特市南托克托县北,当时被人们认为是远离中原的一处极僻远荒凉的地方。传说塞外草白,唯独昭君墓上草色发青,故称青冢。
②戍客,离乡守边的人。旌幡,泛指旗帜。帐幕,营帐。

诗词的大意是:因为常年在金河戍守边关地,所以熟悉金河一代的自然环境,即使遭逢大雪天气也不会迷路。驻守的地方偏远,因缺少增援,故军营旗帜不多,营垒常年不移动而沙土越积越厚,幕帐愈发显得低矮。要报答皇恩,不杀尽敌人是不好意思提起回家之事的。

四、张震的《宿金河戍》

朝发铁麟驿,夕宿金河戍。
奔波急王程,一日千里路。
但见容鬓改,不知岁华暮。
悠悠沙漠行,王事弥多故。

诗词的大意是:早上从铁麟驿出发,晚上才能到达金河戍。一日千里不辞辛劳。在无休止的征战中,美好的年华悄然逝去,青春的容颜日见衰老。如果问我为什么常年穿行在浩瀚的沙漠中,那是因为"王事弥多"。

五、王维的《从军行》

吹角动行人,喧喧行人起。
笳悲马嘶乱,争渡金河水。
日暮沙漠陲,战声烟尘里。
尽系名王颈,归来投天子。①

---

① 《从军行》是汉乐府的曲名。吹角,军中号角吹响的声音。笳,又称胡笳,是古代的一种管乐器。

　　盛唐时期的许多诗人都喜欢用《从军行》这一古题反映边塞生活。王维的这首诗，主要写了军队出征时的悲壮、赴敌的无畏、鏖战的激烈和凯旋时的情景，着力渲染了边塞风光的广漠和将士英勇杀敌的英雄气概。

唐代

唐代名将与托克托

　　《西游记》剧中有位戏份不多但是常被人提起的神仙，叫托塔李天王，本名李靖。据说，他原是商朝陈塘关总兵，后来得道做了神仙。不过隋唐时期也有一位名将叫李靖，这仅仅是巧合吗？

　　显然不是，托塔李天王是神话人物，而所谓的陈塘关总兵李靖似乎查无此人。因此，人们更愿意相信，大家常说的托塔李天王就是隋末唐初的战神李靖。

　　李靖（公元571年—649年），隋朝名将韩擒虎的外甥。其舅称赞说："可与我讨论孙吴兵法的人，只有李靖一人。"①

　　公元629年8月，唐太宗李世民接受了代州都督张公瑾的建议，决定出击东突厥，命兵部尚书李靖为定襄道行军总管，以张公瑾为副，发动了强大的军事攻势。又任命并州都督李勣②、华州刺史柴绍③、灵州大都督薛万彻④等为各道总管，统领十几万军队分道出击突厥。

　　各路大军分别从中受降城（今包头市敖陶窑子古城）、君

---

① 可与论孙吴之术者，唯斯人矣。
② 李勣，原名徐世勣，字懋功，《隋唐演义》中叫徐懋功。
③ 柴绍，唐太宗的姐夫。
④ 薛万彻，唐太宗的妹夫。

子津、灵武等地向北渡过黄河,合伐颉利可汗①。

颉利可汗(公元579年—634年),公元620年继其兄处罗为颉利可汗。颉利可汗初承父兄基业,兵强马壮,后又连年侵唐边地,劫夺财物,公元626年曾一度兵临渭水。

公元630年正月,朔风凛冽,李靖率领骁骑三千从马邑北上,在君子津渡过黄河。李靖迅速进击定襄,在夜幕掩护下,一举攻入城内,俘获了隋齐王杨暕之子杨政道以及原隋炀帝的妻子萧皇后,颉利可汗仓皇向北逃往碛口(今内蒙古自治区二连浩特市西南)。

在李靖胜利进军的同时,李勣也率军赶到,会合于后来叫单于都护府②的地方。两人商议,认为颉利可汗虽然战败,但他的兵马仍然很多,之后一定撤往沙漠以保存实力,唐军北击道路险阻且遥远,如果等到那个时候再追击就十分困难了。于是,阴山之战打响了,唐军于白道(今呼和浩特市北)大破突厥,此次消灭突厥军1万余人,俘虏10余万,获得牲畜数十万,并杀死义成公主③,擒获其子叠罗施。

颉利可汗率领残兵1万余人打算逃入戈壁沙漠,被屯于道口的李靖部堵截,其下部落大酋长皆率众归降,李靖获5万余俘虏返回唐廷。唐军大获全胜,平定了自阴山至戈壁沙漠一带的局势。

颉利可汗一败再败,损失惨重,遂向西北退守铁山(今内蒙古自治区白云鄂博矿区)。

---

① 颉利可汗,隋朝时,突厥启民可汗的第三个儿子。
② 谭其骧《中国历史地图集》记载:辖碛南突厥故地,治云中城。
③ 义成公主,隋文帝以宗室女嫁于颉利可汗,颉利可汗的妻子。

随后，李靖与薛延陀可汗夷男等夹攻颉利可汗，颉利可汗大败于阴山，被擒送至长安。颉利可汗至京，唐太宗赐以田宅，受右卫大将军，赠归义王。

此后，唐太宗李世民特设安西、单于、安北、安东四都护府。安西辖西突厥故地，跨天山南北，东抵西州庭州界，西逾葱岭，治龟兹镇（今新疆维吾尔自治区）。单于辖碛南突厥故地，治云中。安北辖碛北突厥，铁勒故地，治回纥部落。安东辖高丽故地，治平壤城。单于都护府归关内道管辖。

最后，说一下李靖故居，故居距今已有1300年的历史，位于三原县城北5公里的鲁桥镇东里堡村，占地32000平方米，具《红楼梦》大观园之布局，取苏杭园林之奇巧。1992年4月20日，被陕西省政府公布为省级重点文物保护单位。于右任、杨虎城等曾居住于此。园中曾有八大景：华岳仙掌、太白积雪、骊山晚照、咸阳古渡、灞柳风雪、草堂烟雾、曲江流饮、雁塔晨钟。

安史之乱与托克托

"安史之乱"是公元755年12月16日至763年2月17日，由朝廷将领安禄山与史思明背叛朝廷后发动的战争，是同朝廷争夺统治权的内战，为唐由盛而衰的转折点。这场内战使得人口大量减少，国力锐减。因为发起反唐叛乱的指挥官以安禄山与史思明为主，所以称此事件为安史之乱。

在安史之乱刚开始时，东受降城（今内蒙古自治区托克托县旧城与新城之间的大皇城）的守将在第一时间以密折上报朝廷，但并未引起重视。如果当时朝廷采取及时有力的措施，也许就不会发生大面积的"安史之乱"，唐也不会迅速由盛而衰。

事情的经过是这样的：公元755年12月16日，安禄山发动属下唐兵以及同罗、奚、契丹、室韦等族兵马共15万人，号称20万，以"忧国之危"，奉密诏讨伐杨国忠为借口在范阳起兵。

安禄山当时是范阳节度使，范阳节度使临制奚、契丹，治幽州①，统辖经略军、静塞军、威武军、清夷军、横海军、高阳军、唐兴军、恒阳军、北平军，管兵91400人。而东受降城归朔方

---

① 幽州，天宝时为范阳郡。

节度使管辖。

叛军很快控制了河北，到达中受降城一带。东受降城守将派人奏报朝廷，安禄山造反了，但唐玄宗李隆基仍然认为这是厌恶安禄山的人编造的假话，没有相信。

早在公元754年，李隆基的儿子太子李亨也跟他说安禄山要反，李隆基不信。人们说安禄山要反，李隆基非但不信，还把说话的人绑起来送给安禄山处理，之后便没人敢说安禄山谋反了。

《资治通鉴》记载："自是有言禄山反者，上皆缚送之。由是人皆知将反，无敢言者。"由此可见，当时东受降城人是多么的勇敢和实在啊！

公元755年11月9日，安禄山以讨杨国忠、清君侧为名，起兵范阳，李隆基一直不相信。直到11月15日，也就是安禄山起兵的第7天，他才相信安禄山真的谋反了。

《旧唐书》中说，听到安禄山叛乱，唐廷一片动荡。

当时有位平原郡太守非常勇敢，他就是唐代大名鼎鼎的书法家颜真卿。平原郡属安禄山辖区，当时安禄山已有谋反的迹象，颜真卿便假托阴雨不断，暗中加高城墙，疏通护城河，招募壮丁，储备粮草。他表面上每天与宾客驾船饮酒，以此麻痹安禄山。安禄山果真认为他是个书生，不足为虑。河北郡县大都被叛军攻陷，只有平原城防守严密。颜真卿派司兵参军李平骑快马到长安向唐玄宗报告。

唐玄宗起初听到安禄山反叛的消息，叹息说："河北二十四个郡，难道就没有一个忠臣吗？"等到李平到京，玄宗大喜，对左右官员说："我不了解颜真卿的为人，他做的事竟这样出色！"①

写到这里，笔者不禁要问：难道唐玄宗李隆基忘了是东受降城人冒着被绑着送安禄山的风险，第一时间报告安禄山反叛消息的？他为何不夸赞东受降城人，而埋怨二十四郡没忠臣呢？

安禄山率领大军从范阳出发，一路南下，占领洛阳，称帝。当他听说唐玄宗已经逃走，他的士兵已经进入长安，便迫不及待地下了一道御旨："命搜捕乐工，运载乐器、舞衣，驱舞马、犀、象皆诣洛阳。"②在洛阳宫凝碧池盛奏众乐。这件事说明，当年安禄山在长安看到宫廷里的乐舞场面，有多么眼红。就像刘邦看到秦始皇的排场，心里羡慕地说："嗟乎，大丈夫当如此也！"一样。

唐代著名诗人白居易有一首《胡旋女》描写了当时的情景，现摘录如下：

> 禄山胡旋迷君眼，兵过黄河疑未反。
>
> 贵妃胡旋惑君心，死弃马嵬念更深。

关于这场战乱，历史上的政治家、史学家发表过不同的意见，他们从政治、经济、军事、文化上寻找根源，谈得非常深刻。但笔者认为，唐玄宗没有相信东受降城人关于安禄山反叛的奏报，也没有及时地采取防范措施，是一个相当重要的原因。

---

① 《新唐书·卷一百五十三·列传第七十八》：玄宗始闻乱，叹曰："河北二十四郡，无一忠臣邪？"及平至，帝大喜，谓左右曰："朕不识真卿何如人，所为乃若此！"
② 《资治通鉴》卷218

薛仁贵与托克托

唐贞观年间,唐太宗李世民在北方设立了安西、单于、安北、安东4个都护府。单于都护府辖碛南突厥故地,治云中城。①

公元682年,大将薛仁贵在单于都护府(今内蒙古自治区托克托县东北)辖属的地面上指挥了一场漂亮的战役,史称"云州大捷"。在历史上,薛仁贵是实实在在有过的,活了70岁,戏剧里那个虚构的人物叫薛平贵。

事情的经过是这样的:公元682年,突厥颉利可汗族人阿史那骨咄禄叛唐,招集流散余众,扩展势力,占据黑沙城(今内蒙古自治区呼和浩特市北)进行反唐活动,并且自立为颉利可汗。自此,后突厥时代开始了。其实,阿史那骨咄禄的爷爷原本是北方单于都护府云中都督舍利元英属部的一个酋长,阿史那骨咄禄本人也世袭吐屯之职。唐代,吐屯是突厥的监察官员,负责监督行政、军事和征收赋税,相当于御史。

当时,单于都护府检校降户部落②阿史德元珍因犯法被长史③王立本囚禁。当阿史那骨咄禄可汗领兵入侵单于都护府

---

① 谭其骧:《简明中国历史地图集》,30~40页。
② 检校降户部落,官名。
③ 长史,为幕僚之长,也可领兵,相当于今天的参谋长。

时,阿史德元珍请求由他去劝谕突厥诸部撤退,以赎自己的罪过。到达敌营后,他立即投降了阿史那骨咄禄可汗。阿史那骨咄禄很了解阿史德元珍,知道他很会打仗,而且对边境的军事部署很熟悉,便立即任命他为阿波达干,统率全部兵马。

紧接着,阿史那骨咄禄、阿史德元珍领兵进犯单于都护府北境、云州(今山西省大同市)、并州(今山西省太原市)、杀岚州(今山西省岚县)刺史王德茂。唐高宗李治紧急命令检校代州(今山西省代县)都督率领大军进击,以安北部边地。

当薛仁贵奉命率领大军"出云州",征讨阿史德元珍的突厥兵,来到敌人阵前时,突厥人问:"你们的将领是谁?"唐兵回答:"薛仁贵。"突厥人说:"我听说薛将军流放到象州(今广西壮族自治区象州县)已经死了,怎能复生?"薛仁贵走到前面,脱掉头盔见他们,突厥人仔细一看,大惊失色,纷纷下马排队拜揖,随后逃走。

薛仁贵乘势追击,大败阿史那骨咄禄、阿史德元珍的突厥军,斩杀上万人,俘虏近3万人,夺取驼、马、牛、羊3万余头,取得了"云州大捷"。

公元683年3月,阿史那骨咄禄、阿史德元珍又领兵围攻单于都护府云中城,杀死了都护府的司马张行师。5月,又侵犯蔚州(今河北省蔚县),杀死了刺史李思俭,紧接着又擒获了前来参战的丰州都督崔智辩。

前面讲到的薛仁贵"出云州",在单于都护府地面上指挥的战役叫作"云州大捷"比较好听一些。不能叫"单于都护府大捷",那样皇上和文武大臣都会觉得没面子。

宰相张仁愿与托克托

在内蒙古自治区托克托县新旧城之间有一座古城遗址，当地人称城圐圙，辽代为"东胜州"治所，金代又在旁边建了"子城"，明代改叫"东胜左卫城"。此城最早建成者为唐代宰相张仁愿，名叫"东受降城"。

张仁愿，唐代宰相、名将，文武双全，朔方道行军大总管。为抵御突厥，在北方建了3座受降城，其中一座叫东受降城。

事情的经过是这样的：公元708年，后突厥可汗默啜统率全军西攻突骑施（西突厥部落），后方兵力空虚。张仁愿便上奏朝廷，请求乘机夺取漠南之地，并沿黄河北岸修筑3座首尾相应的受降城，以断突厥南侵之路。

奏疏送至京城后，唐中宗李显召集大臣商议对策。太子少师唐休璟表示反对，并说："两汉以来，朝廷都是北守黄河，如今在敌虏腹地筑城，兴师动众，劳民伤财，最终只怕是要被敌虏占据。"[①]

这位皇上的太子少师唐休璟说这话时，竟然忘记了汉代在黄河北建有云中郡。也不知道他这个太子少师是怎么当上

---

① 唐休璟："两汉以来皆北阻大河，今筑城寇境，恐劳人费功，终为虏有。"

的？有待进一步考证。

张仁愿的执意请求，最终得到唐中宗李显的同意。此后，在张仁愿的领导下，筑城军民尽心尽力，只用了2个月便将3座城筑成。

《资治通鉴》记载：景龙二年（公元708年）"三月，丙辰，朔方道大总管张仁愿筑三受降城于河上。"

《旧唐书》记载："……役者尽力，六旬而三城俱就。"①

东受降城的地理位置：据《元和郡县图志》卷4《关内道·丰州》记载："东受降城本，汉云中郡地，在榆林县（内蒙古自治区准格尔十二连城）东北八里。"

按时间推算，张仁愿建立的3个受降城，是当年奏疏，当年批复，当年建成。可见，当时的办事效率是非常高的。而且，据《元和郡县图志》记载："景龙二年（公元708年），张仁愿今於东受降城置振武军。"

东受降城建成后，没有设置壅门、曲敌、战格等守备设施。曾有人问道："边城没有防守设备，行吗？"张仁愿说："兵贵在攻取，不宜退守。如果敌人打到这里，应当全力出战抗击，敢回头望城的人都该斩杀，何必设置守备，养成退守的习惯呢？"

张仁愿在漠南突厥之地建立的三受降城体系，是唐代建立的进攻型军事重镇体系，使突厥汗国的根据地——政治军事经济的中心地区成为唐代北疆内的军事地区，被唐廷控制。后突厥默啜可汗无力返回漠南，不得不返回漠北。张仁愿建立的三受降城体系，严重削弱了后突厥汗国。自张仁愿

———————————

① 新旧唐书记载一致。

建立三受降城体系取漠南后,后突厥汗国的国力大为削弱,最后被唐与回纥联合攻灭。关于后突厥汗国的衰弱与灭亡,张仁愿建立的3个受降城是其重要原因。

唐宋八大家之一的欧阳修曾这样评价张仁愿:"仁愿为将,号令严,将吏信伏,按边抚师,赏罚必直功罪。后人思之,为立祠受降城,出师辄享焉。"从这段评价中得知,在受降城中曾经建有张仁愿的祠堂,是建在东受降城还是3座受降城中都有建,有待进一步的考证。

唐代诗人李益从军生活长达18年,5次随军出塞,其中2次入受降城一带,写了一首很有名的诗《夜上受降城闻笛》:

回乐峰前沙似雪,受降城外月如霜。
不知何处吹芦管,一夜征人尽望乡。

裴行俭与托克托

大唐名将裴行俭,既是武将,也是文人。他的人生故事比较多,他曾两次踏入今内蒙古自治区托克托县这片土地,而最精彩的故事也发生在这片土地以及周边广袤的地方。

唐初,唐太宗李世民在北方设立了安西、单于、安北、安东4个都护府。单于都护府辖碛南突厥故地,治云中城。①裴行俭作为武将亲自指挥的战役就发生在单于都护府管辖的范围内。

公元679年,突厥首领阿史德温傅、阿史那奉职二部落相继反唐,立阿史那泥熟匐为可汗,单于都护府所辖24个州都造反响应他,叛军有几十万众。②

单于都护府都护萧嗣业奉命征讨没有成功,反被阿史德温傅击败。唐高宗李治下诏授裴行俭任定襄道行军大总管,率军讨伐。他统率太仆少卿李思文、营州都督周道务等部共18万人,会合西路军的程务挺、东路军的李文暕等人,共有30多万人马,军旗连绵上千里,全由裴行俭指挥。③

---

① 谭其骧:《简明中国历史地图集》,30~40页。
② 《新唐书》:"诏露元年,突厥阿史德温傅反,单于管二十四州叛应之,众数十万。"
③ 《旧唐书》称叹:"唐世出师之盛,未之有也。"

在这次战役中发生了两件有意思的事情：

第一件：在此之前，单于都护府都护萧嗣业组织运输军粮的时候，粮草曾多次被敌人抢走，因饥饿而死的士卒居多。智慧的裴行俭总结经验："可以用计战胜敌人。"于是，准备了300乘（古代4匹马拉的兵车一辆为一乘）假粮车，每乘车里埋伏5名骁勇的士卒，带着斩马的长刀①、强劲的弓弩，用瘦弱的士卒拉车前进，还派精兵秘密紧跟其后。

敌人果然来抢粮车，拉车的瘦弱士卒假装逃脱险境，敌人用马把车迅速拉到有水草的地方，解下马鞍，让马吃草。正要从车里拿粮食，骁勇的士卒突然冲出，后面的伏兵恰好赶到，一起将突厥军消灭。从此，再没有哪股突厥军敢于走近粮车。

第二件：有一天傍晚，唐军行进到单于都护府北面暂时驻扎下来。在已经扎好营帐、挖好全部战壕的情况下，裴行俭突然改变命令，让部队迁移到高冈上扎营。军官们说："将士们已经安顿下来了，不能扰乱他们。"裴行俭不听这些，催促迁移。到了夜晚，狂风暴雨突然来了，原来扎营的地方积水一丈多深，将士们无人不惊叹。当大家询问怎么知道会有风雨的时候，裴行俭说："从今往后，只按我的指挥办事就行了，别问我怎么知道的。"

这场战役进行到最后，突厥军频遭失败，退守到黑山一带进行抵抗。裴行俭让将士们尽情厮杀，前后杀敌无法统计。②

到后来，阿史那泥熟匐被他的部下杀死，部下提着他的首级前来投降。接着又活捉了阿史那奉职，然后班师回朝。突

---

① 长刀，唐代叫"陌刀"。
② 《旧唐书》："贼众于黑山拒战，行俭频战皆捷，前后杀虏不可胜数。"

厥的残余部队逃往狼山(今内蒙古自治区克什克腾旗西北)。

自裴行俭回朝以后,突厥阿史那伏念自称可汗,又与阿史德温傅会合。

公元680年,裴行俭重新统率各路军队,驻扎在代州的陉口(今山西省代县西北陉岭关口),派遣间谍进行离间活动。阿史那伏念与阿史德温傅相互猜疑,阿史那伏念害怕了,秘密送来降书,并请求让他亲自捆来阿史德温傅表示诚意。裴行俭没有公开秘密,而是呈递密封奏表报告了朝廷。

几天之后,尘土冲天向南滚来,哨兵们惊恐,裴行俭说:"这是阿史那伏念押送阿史德温傅来投降,没有别的情况。不过接受投降如同接受挑战。"于是,命令严加防备,并派一名使者前去慰问,结果,事情果然如此。

到这时,突厥残部全部被消灭。唐高宗十分高兴,派户部尚书崔知悌慰劳部队。

中国古代勇猛武将数不胜数,出色的帅才也不少,但能打仗又能写兵书的就不多了,裴行俭是其中一位。他还精通阴阳历法,每次行军作战,都能预知胜期。①

他善于识别人才,工于书法,尤擅草、隶。有文集20卷。

裴行俭还与唐初文坛四杰②交往甚密,王勃有《上吏部裴侍郎启》,骆宾王有《咏怀古意上裴侍郎》等。

最后,我们以唐代著名诗人杜甫的一首诗,来结束裴行俭作为武将和文人与托克托的历史故事:

---

① 《新唐书》:"行俭通阴阳、历术,每战,豫道胜日。"
② 唐初文坛四杰,王勃,杨炯,卢照邻,骆宾王。

戏为六绝句·其二

王杨卢骆当时体，轻薄为文哂未休。
尔曹身与名俱灭，不废江河万古流。

唐代诗人与托克托

在讲唐代诗人与托克托的关系前,需要介绍一条河,这条河的名字叫振武河。它经古云中城,向西南在今托克托县附近流入黄河。

据《元和郡县图志》记载:"景龙二年,张仁愿於今东受降城置振武军。"

振武军以唐时黄河支流之一振武河而命名。

按照当时的行军路线,从黄河过君子津,然后到东受降城,振武军的诗人应该不少。下面介绍几位主要诗人以及诗歌:

一、卢纶

唐玄宗天宝末年进士,唐代著名诗人。卢纶有《送郭判官赴振武》:

黄河九曲流,缭绕古边州。

鸣雁飞初夜,羌胡正晚秋。

凄凉金管思,迢递玉人愁。

七叶推多庆,须怀杀敌忧。

唐代的判官是个什么职位?判官是地方长官的僚属,辅理政事,没有实权。始于隋,至于唐。

在唐代人的心中,边关荒寒至极,这首诗却为我们描写了一种壮阔的边境景象。在一个深秋的夜晚,一排排大雁鸣叫着飞过托克托的上空,仰头望去,心中是什么滋味?

二、李益

唐代边塞诗的代表。他也送过一位判官到振武军中,不过这位判官姓柳不姓郭。此诗为《送柳判官赴振武》:

> 边庭汉仪重,旌甲似云中。
> 虏地山川壮,单于鼓角雄。
> 关寒塞榆落,月白胡天风。
> 君逐嫖姚将,麒麟有战功。

柳判官是唐宋八大家之一柳宗元的叔叔,叫柳缜。振武即振武节度使,治所在东受降城,诗中的云中即云中郡。

李益还有一首诗叫《登长城》:

> 汉家今上郡,秦塞古长城。
> 有日云长惨,无风沙自惊。
> 当今圣天子,不战四夷平。

上郡即绥州,天宝年间改为上郡,治所在龙泉(今陕西省绥德县),是东受降城的防守范围。据谭其骧主编的《中国历史地图集》第5册40~41图,长城止于东受降城之东,与河套中长城已不相接。由此可知,上述诗歌为诗人在东受降城的东边所写。

其中,"无风沙自惊"一句对边塞的描写非常精彩,我仿佛有一种再次回到锡林郭勒草原的错觉。

三、李适

唐代诗人,景龙中,为中书舍人。诗有《奉和幸望春宫送朔方军大总管张仁亶》[①]:

地限骄南牧,天临饯北征。
解衣延宠命,横剑总成名。
豹略恭宸旨,雄文动睿情。
坐观膜拜入,朝夕受降城。

"坐观膜拜入,朝夕受降城"一句表明作者对边事充满信心。

四、李频

唐代进士,少时有诗名。诗有《送友人往振武》:

风沙遥见说,道路替君愁。
碛夜星垂地,云明火上楼。
征鸿辞塞雪,战马识边秋。
不共将军语,何因有去留。

"碛夜星垂地,云明火上楼"一句描写边塞寥廓寂静。在傍晚时分,天边的火烧云像是燃烧在楼上的一团火。我估计,站在东受降城上,也能看到不远处狼窝壕的狼在出入。

---

① 张仁亶,即张仁愿,主持修建受降城的人。

五、李廓

唐代诗人,诗人贾岛的朋友。诗有《送振武将军》:

叶叶归边骑,风头万里干。

金装腰带重,铁缝耳衣寒。

芦酒烧蓬暖,霜鸿捻箭看。

黄河古戍道,秋雪白漫漫。

作者以全新的角度,描述了他所见到的赴边生活。

六、卿云

唐代诗人,诗有《送人游塞》:

去去玉关路,省君曾未行。

塞深多伏寇,时静亦屯兵。

雪每先秋降,花尝近夏生。

闲陪射雕将,应到受降城。

这是一首送友人赴边的诗。"雪每先秋降,花尝近夏生"的意思是:不到秋天就下雪了,而花到夏天才能开放。这句诗让我想起了自己在内蒙古自治区锡林郭勒盟时的生活片段。

王维、王之涣的诗词与托克托

唐代著名诗人王维、王之涣的诗词竟然铸刻在托克托县河口古镇龙王庙的铁旗杆上面,这是怎么回事呢?

公元1862年,一对生铁蟠龙旗杆铸造成功,后耸立于托克托县河口古镇龙王庙山门前的左右两侧。

生铁蟠龙旗杆高3丈6尺5寸,寓意一年365天。底部为方形夹石,顶端为穹顶圆球,寓意古人"天圆地方"的宇宙观。生铁旗杆工艺精良,令人叫绝。

夹石上罩的旗杆铁座上,铸刻有琴棋书画、八骏马、暗八洞、松竹花卉,件件精雕细琢,形象生动。

每根旗杆的中间部位铸巨龙一条,高约丈余,身缠旗杆,若即若离,鳞爪分明,昂首奋尾,栩栩如生。巨龙前爪抓一只大蜘蛛,蜘蛛象征邪恶,被巨龙降服,说明龙王不但能治理水患,而且还有斩妖除邪的法力。

龙上方各铸玲珑斗1个,玲珑斗每面铸镂空雕龙2条,四面共有8条,加上巨龙每根旗杆共铸9条龙。

旗杆顶端各挂4个风磨铜小铃,风吹铃响,悦耳悠扬。整根旗杆,浑然一体。铸艺如此精美,真可谓鬼斧神工。

铁座上方,铸有对联一副:

海晏河清威灵著绩

风调雨顺亿兆蒙休①

对联的内容是给龙王爷歌功颂德的,大意是:生铁旗杆显灵,汹涌的黄河水不再泛滥成灾,造福一方,功德无量,海晏河清体现了龙王爷的丰功伟绩。大自然的风雨适合时宜,老百姓享受着安居乐业的生活。

对联上端各有一个六角方斗,分铸一首五言绝句。

左面一首是王维的《竹里馆》:

独坐幽篁里,弹琴复长啸。

深林人不知,明月来相照。

右面一首是王之涣的《登鹳雀楼》:

白日依山尽,黄河入海流。

欲穷千里目,更上一层楼。

每首诗分别用真、草、隶、篆4种书体各书一句。

为什么古镇河口龙王庙铁旗杆上铸刻王维、王之涣的诗词呢? 笔者分析有如下几个方面的原因:

---

① 威灵,神灵,这里特指龙王。著绩,显示出丰功伟绩。亿兆,指天下苍生,老百姓。蒙休,得以休养生息,享受幸福美满。

一、建造铁旗杆的出资人、铸造者、诗词作者同为山西人

铁旗杆左面铸有铭文："经理：德懋张励行，双和店贾子莹，庆合店薛清，晋益恒吴助周，山西太原府太谷县，金火炉朝阳聚盛隆造。金火匠人路安府襄邑南漳村，王聚文，付美，付信，吉日成造。"①

根据旗杆的铭文记载可知，这对蟠龙铁旗杆是由"德懋张励行，双和店贾子莹，庆合店薛清，晋益恒吴助周"组织铸造的。这些买卖字号的财东老板都是山西籍。

铁旗杆的具体铸造单位是"山西太原府太谷县，金火炉朝阳聚盛隆造"，也是山西籍。

铁旗杆的具体铸造人是"金火匠人路安府襄邑南漳村，王聚文，付美，付信"，也是山西籍。

唐代著名诗人王维是河东蒲州人，即今山西省永济市人。

盛唐著名诗人王之涣是绛州人，即今山西省新绛县人。

二、王维被后人称为"诗佛"，他的诗词容易被寺庙所采用

铁旗杆右面铸有铭文："心富率徒弟圆昭，徒侄圆明，徒孙广灵。大清同治元年，岁次壬戌律应仲吕谷旦，合镇叩敬。"意思是：庙里的和尚心富带领徒弟圆昭、徒侄圆明、徒孙广灵及全镇百姓于大清同治元年4月的一个吉日叩拜。

王维，字摩诘，号摩诘居士。公元731年状元及第。唐肃宗乾元年间任尚书右丞，故称"王右丞"。他参禅悟理，学庄信道，精通诗、书、画、音乐等，以诗名盛于开元、天宝年间，尤长

---

① 路安府属山西，应为潞安府（今山西省长治市）。《托克托文物志》写为路安府。

五言,多咏山水田园。

后人称王维为"诗佛",此称谓不仅是王维诗词中的佛教意味和王维的宗教倾向,更表达了后人对他在唐代诗坛崇高地位的肯定。

王维早年有过积极的政治抱负,希望能干出一番大事业,后值政局变化无常而逐渐消沉下来,开始吃斋念佛。佛教有一部《维摩诘经》是王维名和字的由来。

苏轼在《东坡志林》中评价说:"味摩诘之诗,诗中有画;观摩诘之画,画中有诗。"

《竹里馆》是王维晚年隐居蓝田辋川(今陕西省蓝田县西南10公里处)时创作的一首五言绝句。此诗写隐者的闲适生活及情趣,描绘了诗人独坐月下弹琴长啸①的悠闲生活。

全诗虽只有短短20个字,但有景有情,有声有色,

竹里馆

竹里馆独坐幽篁里,
弹琴复长啸。
深林人不知,
明月来相照。②

有静有动,有实有虚,对立统一,相映成趣。整体诗与铁

---

① 长啸,撮口而呼,这里指吟咏歌唱。古代一些超逸之士,常用来抒发感情。魏晋名士称吹口哨为啸。
② 竹里馆,辋川别墅胜景之一,房屋周围有竹林故名。幽篁,幽深的竹林。

旗杆上面的琴棋书画、八骏马、暗八洞、松竹花卉、穿顶圆球、巨龙小龙、玲珑剔透的翅角方斗以及旗杆顶端的风磨铜小铃协调一致。

这首诗是诗人生活态度以及作品特点的绝佳表达,此诗曾被选入语文教科书。

三、王之涣的《登鹳雀楼》写的是黄河边景象,而古镇河口正位于黄河边

王之涣,早年精于文章,并善于写诗,多引为歌词。他是浪漫主义诗人,尤善五言诗,以描写边塞风光为胜。代表作有《登鹳雀楼》《凉州词》等。

鹳雀楼的旧址在山西省永济县,楼高3层,前对中条山,下临黄河,传说常有鹳雀在此停留,故有此名。

《登鹳雀楼》的前两句写的是自然景色,但开笔就有缩万里于咫尺,使咫尺有万里之势;后两句写意,写得出人意料,把哲理与景物、情势融得天衣无缝,成为鹳雀楼上一首不朽的绝唱。

鹳雀楼与武昌的黄鹤楼、洞庭湖的岳阳楼、南昌的滕王阁齐名,被誉为我国古代四大名楼。据记载,鹳雀楼高30米,是当时长安城墙的5倍。

为什么要把这么高大雄伟的鹳雀楼建造在远离城镇的黄河边呢?

鹳雀楼始建于南北朝,当时北周政权的大司马宇文护的母亲在战乱时期陷落北齐,被北齐长期幽禁。宇文护日夜期盼母亲归来,于是在秦晋豫交界的黄河边修建了鹳雀楼,凭栏眺望母亲所处的敌国,以此来寄托思母之情。

　　无独有偶,传说像古镇河口这样宏伟精巧的庙宇铁旗杆在全国只有两对,因为在这两对铁旗杆铸成后,王聚文就再也没有铸成第三对铁旗杆——不是龙头缺角,就是龙身缺爪,总之残缺不全,美中不足。王聚文一气之下,就再也不铸生铁旗杆了。因此,河口龙王庙的蟠龙生铁旗杆以其独特精致而名闻天下。

　　最后,我们以托克托县民间流传的一首赞美生铁旗杆的顺口溜来结束本文:

　　　　沧州的狮子,

　　　　应州的塔,

　　　　正定府有个大菩萨。

　　　　河口镇,

　　　　一景生,

　　　　生铁旗杆实爱人。

　　　　双和店的财东是榆次人,

　　　　太原府里请匠人,

　　　　正月里起工七月成。

　　　　竖方斗,

　　　　四方亭,

　　　　八骏马,

　　　　实威风。

　　　　琴棋书画有功名,

　　　　两面筑的暗八洞,

　　　　一对花瓶往上迎,

　　　　向上盘旋一条龙。

玲珑斗，

做得精，

一面铸有两条龙，

四面共有八条龙，

生铁旗杆十八条龙，

旗杆顶头风磨铜。

南照黄河一澄清，

北照阴山归化城，

照见大同一座城，

琉璃照壁九条龙。

一面挂着四个铃，

两面共有八只铃，

大风一刮响连声，

顶如北京的景阳钟。

武则天与托克托

　　武则天是中国历史上唯一的女皇帝,也是即位年龄较大、寿命较长的皇帝之一。武则天智略过人,兼涉文史,颇有诗才。《全唐诗》存其诗46首。

　　武则天在位期间,在处理关于托克托这片土地的归属问题上,决策比较正确。

　　公元695年,唐北部的突厥骨咄禄可汗卒,其弟默啜自立为可汗。默啜当可汗后就大举发兵侵犯唐境,袭扰了灵州(治今宁夏回族自治区灵武市西南)、胜州(治今内蒙古自治区准格尔旗十二连城),在灵州杀掠民人,抢窃财物。①

　　武则天派白马寺僧薛怀义领兵讨伐,但这支部队向北行军到紫河(今内蒙古自治区清水河县境),一直见不到敌人,于是就在单于台刻石纪功后班师回朝。②

　　公元695年10月,篡位的默啜为了争取中原王朝的支

①《旧唐书》:"(默啜)率众寇灵州,杀掠人吏。"
②《旧唐书》:"则天遣白马寺僧薛怀义为代北道行军大总管,领十大将军以讨之,既不遇贼,寻班师焉";《资治通鉴》说:"以僧怀义为新平军大总管,北讨突厥。行至紫河,不见虏,于单于台刻石纪功而还。"

持,遂遣使请降,武则天大喜,册封他为左卫大将军、归国公,赐物50匹。

公元696年,默啜可汗再次派人求和,又加授天善可汗。同年契丹反叛,默啜可汗上表说:"如果能将六胡州降户归还,即率部落人马讨平契丹。"武则天批准。

其实,早在公元670年至673年,已经投降了唐的突厥人,被唐廷全部安置在丰州、胜州、灵州、夏州(治今内蒙古自治区乌审旗南白城子)、朔州、代州定居。

公元697年,默啜可汗派使臣与武周政权缓和关系,武则天派将军阎知微为使者入蕃,册封默啜为立功报国可汗。"及默啜将至单于都护府(治今内蒙古自治区托克托县),乃令归道摄司宾卿迎劳之。"①

公元698年,默啜可汗上表请示武则天:有一女儿欲嫁皇子以和亲,并索要六胡州降户和单于都护府地,同时兼要种子和农具。武则天不许,引起默啜可汗的怨恨。默啜单于恼羞成怒,暴跳如雷,言辞悖谩,便把田归道扣留,准备杀害。田归道义正词严,谴责其无理要求,又耐心以理说服,陈述了两国是和是战与对他是放是杀的利害关系。突厥大臣阿史德元珍也极力劝阻说:"大国使者不可杀!"之后,默啜单于的态度有所缓和。

这时,大臣姚璹、杨再思劝武则天说:"今突厥兵盛,契丹未平,从长远计,不如姑且答应其要求,以为后图。"

大臣李峤说:"戎狄贪而无信,此所谓供寇兵资盗粮也,不如陈兵以做防备。"

---

① 引自《旧唐书》。

在众大臣的一再劝谏下,武则天答应将六胡州降户千帐全部归还突厥,并赐种子 10 万斛,杂彩 5 万匹,农器 3000 件,铁器万斤①,并准许通婚,但单于都护府地始终未予,突厥由此日益强盛。

从上述的争论中,我们可以看到当时单于都护府地理位置的重要性,大臣们争论到最后,武则天也没有答应把单于都护府地给突厥。

就这样,双方关系有所缓和,田归道被释放回朝。回朝后,他向武则天当面陈述了突厥的不臣之状及默啜单于日后必将南犯的情况,建议加强边境的军事防御。

公元 698 年 8 月,武则天令怀阳王武廷秀、摄春官尚书阎知微,赴突厥纳默啜单于的女儿为武廷秀的妃子。

默啜单于认为武廷秀不是李唐诸王,而是武氏之王,就将武廷秀囚禁起来,并且说:"我世受李氏恩,欲以女嫁李氏,安用武氏儿。闻李氏唯两儿在,我将兵辅立之。"

于是,他发兵南犯,率众与阎知微入寇妫州②、檀州③等地,焚烧百姓庐舍,遇害者数千人。陷定州(今河北省定县),围赵州,形势十分危急。

是年冬 10 月,阎知微从突厥叛归,被武则天诛杀全家。田归道的判断得以验证,提升为夏官侍郎,受到重用,后来累迁左金吾将军。司农卿,并兼管禁军千骑兵。

突厥可汗默啜出兵南犯的借口是拥立庐陵王李显,武

---

① 林幹《中国古代北方民族通论》:"当时武则天帝遂把谷种十万斛,农器五千件、铁数万斤给予突厥。"
② 妫州,治今河北省涿鹿县,武周长安二年改治今河北省怀来县。
③ 檀州,治今北京市密云区。

则天看到庐陵王问题已经影响到国内形势以及与契丹、突厥的关系,遂决定在9月复立李显为太子,并下诏命李显为元帅,出兵抵抗突厥军队。默啜单于听闻后,便立即退兵。

辽代

辽太祖与托克托

细说起来,托克托县人和准格尔旗人是亲戚关系,许多托城①人和十二连城人是一家人。为什么这样说呢? 这得从辽代发生的一件重大事情说起。

辽代,辽太祖在今托克托县地界设了两个州,一个叫东胜州(治所在今托克托县双河镇城圐圙),另一个叫云内州(治所在今托克托县古城乡,当时叫柔服县)。

辽太祖,辽代开国皇帝,契丹族,名耶律阿保机。阿保机自幼聪敏,才智过人,勇善骑射,明达世务。《辽史》记载:"身长九尺②,丰上锐下,目光射人,关弓三百斤。"耶律阿保机通汉语,任用韩知古、韩延徽、康默记等有才学的汉人为谋士,并采纳韩延徽的建策,置州县,立城郭,定赋税,模仿汉地的制度来管理辽地。

大约在唐代末年、五代十国时期③,辽代立国前,在当今准格尔旗十二连城乡有一座胜州城,当时占据这座胜州城的是已经归降西夏党项族的唐代振武节度使,名叫李嗣本。

---

① 托城,托克托县双河镇。
② 1尺约合今0.333米。
③ 五代:后梁、后唐、后晋、后汉、后周;十国:前蜀、后蜀、吴、南唐、吴越、楚、南平、闽、南汉、北汉。

公元916年，耶律阿保机率兵西征突厥、吐谷浑、党项、沙陀诸部，大破振武节度使李嗣本占据的胜州城，擒获了振武节度使李嗣本，并且将胜州的百姓全部强行迁移到黄河东岸（按当时的黄河流向，胜州在黄河西岸）。同时，在唐代东受降城地方另筑了一座城，进行了安置。因这座城在原来胜州城的东面，故命名为东胜州城。在东胜州城的东北，另筑一座州城，叫云内州城。

4年后，耶律阿保机领着儿子再次来到今托克托县地界。那是在公元920年，党项族诸部叛离契丹统治者，辽太祖耶律阿保机亲自率兵征讨，儿子皇太子耶律倍领导迭剌部夷离堇汉里珍进兵云内州和天德军。当时，云内州已被党项族诸部占领。待耶律阿保机和儿子领兵收复失地，取得胜利后，将云内州划归西京道管辖。

元代，有一位叫耶律楚材的契丹族后代来到东胜州城。他当时是中书令①，成吉思汗、窝阔台的重臣。他更是辽太祖耶律阿保机的九世孙。

当耶律楚材站在东胜州城上，看着先辈们建的这座城池，不禁感慨万分，别有一番滋味在心头，写下了诗句：

过东胜用先君文献会韵上·其一

荒城萧洒枕长河，古字碑文半灭磨。

青冢路遥人去少，黑山寒重雁来多。

---

① 中书令，宰相。

正愁晓雪冰生砚,不愆西风叶坠柯。

偶忆先君旧游处,潸然不奈此情何。

耶律楚材在诗中提到的古寺和碑文在东胜州城的什么地方呢？有待进一步考证。

天祚帝与托克托

　　辽代最后一位皇帝天祚帝耶律延禧最后的帝王生活是在今托克托县以及周边旗县度过的,但他过得并不愉快。今天的托克托县古城乡是辽代云内州州治所在地,当时叫柔服县。

　　耶律延禧在位25年。他在位期间,政治腐败,人心涣散,内外矛盾激化,但他却不思进取,无所作为。

　　元代政治家、军事家脱脱主编的《辽史》中记载:"天祚穷蹙,始悟奉先①误己,不几晚乎!"

　　据《辽史·天祚帝纪》(卷三十)记载:辽保大二年(公元1122年),天祚帝"闻金师将出岭西,遂趋白水泺(今内蒙古自治区察哈尔右翼前旗的黄旗海)。"也就是说,天祚帝被金兵追赶到今察哈尔右翼前旗的黄旗海附近。

　　公元1123年,天祚帝的人马在白水泺附近被金兵打败,耶律延禧率领残兵败将溃逃到云内州南面一带暂时住下。但是,所有辎重及诸王妃、公主等在青冢(今呼和浩特市南王昭君墓)附近被金军掳获。

　　第二年,天祚帝耶律延禧在分布于阴山东段大青山地区

---

　　① 奉先,即萧奉先,耶律延禧的妻兄。

达但部①的帮助下，迅速组织起已溃散的残部，步兵和骑兵合计万余人马，进行有力的反击，取得初步胜利。先后"取天德（丰州，今呼和浩特市东郊）、东胜（今托克托县大皇城）、宁边（今清水河县下城湾）、云内等州"。

公元1124年冬，天祚帝耶律延禧不听耶律大石等人的劝阻，率残部南下武州（今山西省大同市郊），试图收复今山西地界的州县。耶律大石劝阻天祚帝不要妄自出兵攻金，天祚帝不从。他心中不能自安，率领二百铁骑乘夜逃遁，在西域建立了西辽王国。

耶律延禧在领兵向武州进发的过程中，与金兵相遇于奄遏下水（今内蒙古自治区乌兰察布市凉城县的岱海）。因辽兵长期征战，人困马乏，官兵矛盾重重，军心涣散，锐气大减。在这样的情况下，辽军伤亡惨重，大败而归。这场发生在今乌兰察布市凉城县地界的战役，决定了辽最后的失败，使辽复国的一线希望在奄遏下水之战中破灭了。

公元1125年正月，史载："党项小斛禄，遣人亲临其地。"天祚帝耶律延禧打算逃到活动在阴山一带的党项族小斛禄部。不料，途中遭到金军的突然袭击，慌乱中徒步逃了出来。第二天，他才逃到云内、天德附近。当时，天降大雪，耶律延禧和随从人员没有御寒的衣服，粮草也短缺。耶律延禧以炒面充饥，随从人员只能吃雪填充肚子。到晚上他们才找到一户人家投宿，渡过了难关。

公元1125年3月，天祚帝耶律延禧被迫逃至夹山②一带躲

① 达但部，汪古部。
② 夹山，今内蒙古自治区呼和浩特市北部，武川县东、南、西部的白道梁、井眼梁、马场梁的通称。

避。但是,没多久就被金军将领完颜娄室所俘虏。至此,辽灭亡。天祚帝耶律延禧在今内蒙古自治区托克托县以及周边旗县的帝王生活就全部结束了。

金代

户部尚书武都与托克托

武都,字文伯,金代东胜州人。公元1182年考取进士。

考中进士的武都先被派往阳谷县①任主簿②,后来调到商水县(今河南省商水县南)当县令③。

武都是个传奇式人物,有许多传奇式的历史故事。他有个弟弟叫武郁,后来官至监察御史。

皇帝得知武都为官很廉明,便提升他为南京路(今河南省开封市)转运度支判官,后来又几次调迁为中都路(今北京市)转运副使。

在武都当北京路(今内蒙古自治区宁城县西南大明城)规措官时,拘括④了散佚的官钱数百万,归入户部。⑤

调入户部当户部郎中后,行右司郎之职。而且,每次给皇上汇报工作事项,都符合皇上的心意。

公元1211年,武都因差行六部侍郎有功,晋升为北京路按察使。在行使西南路六部尚书职能时,辅佐元帅抹捻尽忠

---

① 阳谷县,打虎英雄武松的故乡。
② 主簿,正九品。
③ 县令,正七品。
④ 拘括,搜括、搜捕。
⑤ 据《金史·循吏传·武都》记载:"充宣差北京路规措官,都拘括散佚官钱百万。"

守备北京防务,又立了大功,晋升为户部尚书,赏他银200两,绢100匹。

武都在中国历史上的传奇故事有很多,其中3件事情比较有名。

第一件:在武都被调往商水县当县令后,面临的形势既复杂又严峻。因为商水这个地方历来盗贼纷乱,这些盗贼可不是一般小偷小摸的小毛贼,而是些杀人放火、抢劫财物的大盗,有的甚至干些大白天挖坟掘墓的勾当。

武都到任后,做了大量细致入微的工作。他不辞辛劳,察访民情,统计出这些盗贼的姓名,并指名道姓张榜公布于闹市区,指出:从今往后不许再当盗贼,否则,一旦拘捕归案,将严加惩处。此后,盗窃之徒便无处藏身,全部逃到别的县去了,商水县从此社会安定,百姓安居。①

第二件:公元1213年9月,年过半百的完颜珣因乱得位即金宣宗。完颜珣即位后,赫舍哩执中提议废故卫绍王为庶人,金宣宗说:"让我慢慢想一想。"然后,金宣宗下诏让百官来讨论这件事。

当时,在朝堂之上商议此事的官员有200多人。其中,太子少傅鄂屯忠孝、侍读学士富察思忠等阿附赫舍哩执中说:"窃人之财,犹谓之盗,况偷大位以私己乎?请废为庶人。"户部尚书武都、拾遗田庭芳等30人,请示降为王侯即可。

太子少保张行简请用汉昌邑王、晋海西公的故事。晋海西公司马奕,即晋废帝,字延龄,公元365—371年在位。他是晋成帝司马衍的第二个儿子,晋哀帝司马丕的同母弟,母亲是

---

① 据《金史·循吏传·武都》记载:"榜之通衢,约毋再犯,悉奔他境。"

周贵人,东晋第七位皇帝,也是东晋唯一一位在位期间被废黜的皇帝。公元365年2月,司马丕逝世,司马奕即帝位,在位6年,于公元371年11月被桓温所废。被废后降为东海王,第二年又降为海西公。史称废帝,又称海西公。

侍御史完颜寓等10人,请示降复王封。赫舍哩执中仍然坚持前面的意见,金宣宗完颜珣不得已降封为东海郡王。

第三件:有一年,中都骚乱后,宣布戒严,金宣宗任命武都为大兴府(今北京市西南)都知,佩带虎符,便宜行事,因此名声大震,军民皆畏服。有一次,武都喝醉了,穿着便衣接了皇上的圣旨,之后被免了职。但没过多久,他再次被起用为刑部尚书。

公元1217年,武都病逝。

监察御史程震与托克托

程震,字威卿,金代东胜州人,与其兄程鼎同科进士及第。

金代科举沿袭辽宋,设词赋、经义、策试、律科、经童。又设制举宏词科,选拔特殊人才。

程震进入仕途后,颇有能声。

公元1217年,朝廷让百官推荐县令,他被推荐为陈留(今河南省开封市东南)县令。

程震的政绩卓著,位列河南的第一,皇上便升任他为监察御史。

程震为人刚正清廉,又有才干,私交也不少。他上任后,秉公从政,为民众鸣不平。他弹劾奸佞,不避权贵,无所顾忌,使朝廷台纲大振。于是,众多小人侧目,不能久留于朝廷。

下面这件事更能说明他的刚正不阿:

有一年,皇太子荆王当了宰相。他放纵家奴,仗势欺人,肆无忌惮地抢夺民众的财物。当时程震以监察御史的身份进行弹劾,写了奏折上报朝廷,要求严加惩处。

程震在给皇上的奏折中写道:"荆王是陛下的长子,担当天下的重任,非但不能协助君父同舟共济,反而依仗权势,不顾礼法,索要贿赂,随心所欲地升降一些官员;纵容家奴胡作非为,鱼肉小民,美其名曰和市,名义上是公平交易,实际上是敲诈勒索。所有这些违法的事情,就不一一列举了。如果照这样下去,陛下不能齐家,而想治理天下的话,那就难了。"[①]

金宣宗责令皇太子荆王拿出府库银两补偿和市价值,并杖击特别恶劣的几个奴仆,以儆效尤。

后来,荆王蓄意报复,收买程震的部下徐璋等编造流言蜚语,状告程震,反被罢官。不久,他便呕血而死。程震逝世后,当时的士人谈论起来都为之可惜。同时代的元好问专门为程震题写了碑文:

金故少中大夫御史程君碑铭:

河东元好问撰文

东胜李徽书丹

栾城李冶题额

君讳震,字威卿(金大定二十一年辛丑1181年生于云中东胜)。先世居洛阳,元魏迁两河豪右实云中三州,遂为东胜人。

曾大父获庆,大父总,质直尚气,乡人有讼多就决之,至于婚嫁丧葬不能给者,亦借力焉。父德元,自少日用侠闻,尝与群从分财多所推让,州里称之,后以君贵封少中大夫,雷内翰渊述世德之旧备矣。少中子七人,长曰鼎,孝友仁让,闺门肃睦,有古君子之风,以六赴廷试,赐第调濮州司候判官。次曰

[①]《金史》记载:"荆王以陛下之子,任天下之重。不能上赞君父,同济艰难。顾乃专恃权势,蔑弃典礼,开纳货赂,进退官吏。纵令奴隶侵渔细民,名为和市,其实胁取。诸所不法不可枚举。陛下不能正家,而欲正天下,难矣。"

雷，由武弁起身，官怀远大将军行军副统。

君其第三子也，资严毅，虽所亲不敢以非礼犯之。幼日梦人呼为御史，故每以谏辅自期。

章宗（完颜璟）明昌二年（公元1191年），经童出身，补将仕佐郎。

泰和（公元1201年—1208年）中，年及注，授临洮府司狱，忻州司候判官，以廉干，西南路招讨司奏辟提控沿边营城粮草，寻擢王纲榜词赋进士乙科，换偃师主簿。

宣宗（完颜珣）幸汴梁，入为尚书省令史。时，相知其可用，不半岁，特授南京警巡副使。秩满，例为广盈仓监支纳官。

兴定初（公元1217年—1222年），辟举法行，用荐者除陈留令。将之官白府尹，言："县务不治，令自任其责，丞簿佐史辈无预焉，幸无扰之，使令得尽力。"尹诺之。既到官，事无大小，率自负荷，次官奉行而已。时，秋大旱，冬，十月乃雨，归德行枢密院发民牛运粮徐、邳。君为使者言："吾麦乘雨将入种，牛役兴则无来岁矣。使者不能宽十日程耶？民事果集，虽乏军兴，吾不辞也。"使者怒而去。君力毕农种，粮运亦如期而办。行院仍奏君要誉小民，不以军食为急。朝廷不罪也。

既受代，大司农奏课，为天下第一，御史台察能吏，亦为奏首，且言可充台谏。京东总帅府奏辟经历官，不许，乃拜监察御史。君莅职，慨然有埋轮之志，即劾奏平章政事荆王（金宣宗完颜珣第二子完颜守纯）以陛下之子，任天下之重，不能上替君父，同济艰难，顾乃专恃权势，灭弃典礼，开纳货赂，妄进退官吏，从史奴隶，侵渔细民，名为和市，其实胁取。诸所不法，不可一二数。陛下不能正家，而欲正天下，难矣！书奏，宣谕御史台：程震敢言如此，他御史不当如是耶？且有旨切责荆王，出内府银偿物直，敕司马杖大奴而不法者数人。于是权贵皆为之敛手。

东方频岁饥馑，盗贼蜂起，特旨以君摄治书侍御史兼户部员外郎，运京师粮八万石赈徐、邳。君经画饷道，十里一置驿，罗弓刀以防寇夺，具斧斤以完器用，备医药以起病疾，劝助借以通留滞，辇运相仍，如出衽席之上。饥民踵来，凡所以为贷，为籴，为赈赡，计度肥瘠，无一失其当。州民请于京东帅司，愿留我程御史以福残民。帅司奏君为行部官，诏再往徐、邳。

荆王积不平，密遣诸奴诱奸民徐璋造飞语讼君于台，诸相不为奏而王独奏之。宣宗颇直君，欲勿问。王执奏再三，乃从之。时太子（哀宗完颜守绪）领枢密院事，遣医药官王子玉谕旨推问官：程御史为县，治行第一，监察又称职，有罪无罪，勿为留难。已而璋伏诬告，君当还台。在律，官人与部民对讼，无罪犹解职。王风大理寺：御史言天下事，在所皆部民。竟用是罢官。

君泰然自处，都无已仕之愠，聚书深读，盖将终身焉。天不假年，以正大元年（公元1224年）三月二十有一日，春秋四十有四，终于京师嘉善里之私第，积官少中大夫。夫人史氏，封安定郡君，先君殁。子一人，思温，举进士。四弟皆补君荫：颐，监西木场；晋，监桢州税务；恒，监缑氏酒务；升，宣授招抚使。以是年（公元1224年）十月二十有七日举君之枢，祔于金昌府芝田县官庄里少中君之新茔，礼也。

呜呼！生才为难，尽其才重为难。使君得时行道，坐于庙堂，分别贤否，其功烈可量也哉！方行万里而车折其轴，有才无命，古人所共叹。虽然，地远而位卑，身微而言轻，乃以一御史，犯强王之怒，卒使权贵落胆，缙绅增气，虽不遇而去，信眉

高谈,亦可以无愧天下矣,尚何恨耶!乃为之铭曰:曲士卖直,
见豺而栗。鄙夫婠婠,与凫同波。犯父子之至难,孰绞讦而上
谳?横溃我障,刚瘅我诃。炼心成补天之石,夺笔为却日之
戈。古有之:和臣不忠,忠臣不和。彼容容者之所得,奚后福
之能多!有山维嵩,有水维河。程君之名,永世不磨。

中统四年岁次癸亥(公元1263年)秋七月己卯朔弟恒建。

金夏"云内之争"与托克托

辽代，土默川平原上设有一个云内州，州治在柔服县。因城址附近也有一座白色古塔，又因距离呼和浩特市西南45公里处，与呼和浩特市东郊丰州古城东白塔形成东西两地相对之势，人们就把它称作西白塔。

关于土默川，在南北朝时期，代国人燕凤曾对前秦苻坚夸赞道："云中川自东山到西河，跨越二百里，北山至南山相距百里，土质肥沃，水草丰美。每到孟秋，马常大集，略为满川。以此推算，我言难尽了。"由此可见，有多少人关注这个美丽的地方。

公元1115年，女真贵族首领阿骨打①在混同江（今松花江）畔称帝建国，国号金。金国建立后，展开了大规模的侵夺战争，第一目标便是辽国。

当时，宋采取联金灭辽，收复燕云十六州的策略，而西夏则采取援辽抗金的方针。

公元1123年1月，夏崇宗李乾顺再次出兵救辽，被金军阻击不能前进。5月，金国都统斡鲁派斡离不、银术可等率兵在阴山（今呼和浩特市北）袭击了辽天祚帝，辽天祚帝遣使向金

---

① 阿骨打，完颜旻。

送国印假装投降,以作缓兵之计,然后西遁云内州。西夏李乾顺得知天祚帝已临近夏境,遣使前去迎接。6月,天祚帝遣使册封李乾顺为夏国皇帝,且诏命发兵救辽。

这时,金也派遣使臣入夏,向李乾顺提出条件:如果辽天祚帝进入夏国,希望将他擒获送金,以后如能以对待辽国那样待金,可以将辽国西北一带(包括云内州)割让给夏。李乾顺见辽的灭亡已不可挽回,为了保全夏国的割据地位,遂答应了金国的条件。

公元1124年1月,崇宗李乾顺遣御史中丞巴里公亮持表向金称臣,西夏以侍辽之礼向金称藩。金将宗瀚全权代表金朝割下塞以北、阴山以南的云内州、天德军、金肃州、河清军及武州(今山西省武寨县)等地,"赐"给西夏,并约夏攻麟州,以牵制宋河东的兵力。

但是,当金兵从辽国手中攻取武州以后,又把它送归宋,从而挑起了夏、宋之间的矛盾。

7月,李乾顺进兵攻取武州、朔州。宋宣抚使谭稹遣部将督兵出战,双方相持数日互不相让。

公元1126年3月,西夏乘金兵攻宋之机,根据金对夏的许诺,进占云内州、天德军、武州等地。不久,金将完颜宗弼又派兵强占云内、天德等州,李乾顺遂向金提出了质问。

公元1127年3月,金与夏划定疆界,东自黄河西岸,南以米脂、萧关、会州一线为界,约数千里之地划给西夏,以抵偿云内、天德等地。李乾顺下令大赦,改元德九年为正德元年。

云内州归金以后,金代著名诗人元好问对土默川平原做出另一番评价:

评敕勒歌

慷慨歌谣绝不传，穹庐一曲本天然。
中州万古英雄气，也到阴山敕勒川。

当年，在云内州州治柔服县的南墙外，有一座古寺，古寺中有一古塔，当地人称西白塔，塔高10余丈，周长五六丈，其下有石香亭，柱上刻有："大金云内州录事司郭公讳说，正隆五年明昌进士王天佑撰，开学冀守正书"，故又称此塔为郭公塔。由此推断，云内州柔服县的西白塔与北京的卢沟桥①同时代建成。

---

① 卢沟桥，建于公元1189年。

金夏"榷场"与托克托

公元1141年,金国的皇帝和西夏国的皇帝商议在东胜州定期举办物资交流大会,那时的物资交流大会的会场叫榷场。

榷场是宋、辽、金、西夏各国在边境所设的互市市场。《金史·食货志五》记载:"榷场,与敌国互市之所也。"

榷场内的贸易由官吏主持,除官营贸易外,商人须纳税,交牙钱,领证明文件①方能交易。

金、夏间的榷场,则主要在金境的东胜州、兰州、保安州(今陕西省志丹县)、绥德州(今陕西省绥德县)、环州(今甘肃省环县)等地。

当时的情形是:在东胜州的附近,金国和西夏国以黄河为界,河东归金国,河西归西夏国。

在今托克托县河口村东,县城的南梁头上,当地人称为二道壕包西几十米的地方有一座古城,高出黄河故道40多米,梁下是后双墙村,所以又叫双墙子古城。城墙的平面呈方形,每墙长约220米,东、南、西3面的豁口是原来的城门。黄河对岸的准格尔旗天顺城圪梁的沙坡上也有一座古城,人称城坡古城。这两座古城隔河对峙,《托克托文物志》中曾说:这两座

---

① 证明文件,关子、标子、关引等。

古城是金、夏两国以黄河为界作为军事防御以及作战需要而建筑的城池。

金、夏两国设立榷场的经过是这样的:公元1141年,夏仁宗请求金国在两国交界处置榷场,设互市,以通贸易。金熙宗同意后,选择在黄河东岸的东胜州设立榷场。

当初,东胜州在金国建国之初为西夏所有,后被金所取,置武兴军。黄河以南不再是金国的地盘,原来归东胜州管辖的榆林、河滨(今准格尔旗大路乡)二县已归西夏所有。现东胜州辖东胜一县、宁化一镇,州治东胜县。东胜州在籍人口有3531户,与云内州在籍人口共59000人。

东胜州因隔黄河与西夏相邻,战事与边境纠纷相对较多。城市规模、人口数量、文化发展等均比不上云内州、丰州。但是,东胜州在与西夏的经济往来中却有着不可忽视的作用。

榷场设立场官,收入极高,有助国资。榷场为了多修屋舍,加倍阑禁。经过一个阶段的运行,政府委托场官及提控所进行核查,只有东胜州的榷场符合标准,允许继续开放,其余的榷场都停业整顿。

此前,尚书曾奏报,西夏国的奸人与陕西边民私自越境,盗抢财物,奸人托名榷场贸易,得以往来,恐为边患。

从此,又罢绥德榷场,只留东胜州、环州两榷场。

公元1181年,西夏国皇帝又上表乞求复置榷场。金世宗命省臣共议,宰臣们认为陕西领西夏,边民私越境盗窃,缘有榷场,故奸人得以自由往来,拟定东胜州可以依旧设立,陕西境内的都停止。金世宗说:"东胜与陕西道路隔绝,贸易不通,令环州设一场。"

由此可见，在当时金、夏国的经济领域里，东胜州以其独特的地理位置，发挥着不可替代的作用。

在上面，我们叙述了榷场里有奸人，现在再说一个厚道人。公元1188年，秀容（今山西省忻州市）人张翰中进士，任东胜县令，乌古伦仲温在大定年间任东胜州刺史。云内州人孟兴，父早丧，事母致孝，母丧殡葬尽礼。待兄如事其父，得乡里赞誉，政府命为孝子，赐帛10匹、粟20石。

元好问与托克托

元好问,字裕之,号遗山,太原秀容人,系出北魏鲜卑族拓跋氏。金代著名诗人,所著《论诗三十首》在中国文学批评史上颇有地位。他是一位才华横溢、多才多艺的文学家,其作品除诗、词、歌、曲、赋、小说外,还有传统的论、记、表、疏、碑、铭、赞、志、碣、序、引、颂、书、说、跋等。金元之际在文学史上起着承前启后的桥梁作用,被尊为"一代文宗"。

金代,元好问的爷爷是云内州柔服县丞①。

据缪钺《元遗山年谱汇纂》(上)记载:"祖滋善,金正隆二年始仕,为柔服丞,所谓铜山府君也。"

元好问的祖父叫元滋善,公元1157年任云内州柔服县丞。

元好问对自己的家史非常重视,在自己所著的《南冠录引》②写道:"人生一世间,业已不为世所知,又将不为吾子孙所知,何负于天地鬼神而至然邪? 故以行年杂事附焉。"又说:"百年以来,明君贤相可传后世之事甚多,不二三十年,则世人不复知之矣! 予所不知者亡可奈何;其所知者,忍弃之而不记

---

① 县丞,相当于现今的副县长。
② 《南冠录引》,山西古籍出版社,2004年。

邪？故以先朝杂事附焉。合而为一，名曰《南冠录》。"

元好问要求后代对家事国事永远牢记，世代相传，从中汲取经验教训，其中包括：不要忘了祖父元滋善曾经当过柔服县丞。

元好问是个重情的人，他对北魏鲜卑先辈们的兴盛之地敕勒川也颇有关注，以下有诗为证：

一、重情

流传后世很广的一句话叫："问世间情为何物，直教人生死相许。"意思是，情感到底是什么？直让人死都相托。众所周知，这句话是《神雕侠侣》李莫愁的座右铭，但它出自元好问的《摸鱼儿·雁丘词》。

公元1205年，年仅16岁的青年诗人元好问，在赴并州应试途中，听一位捕雁者说，天空中一对比翼双飞的大雁，其中一只被捕杀后，另一只大雁从天上一头栽了下来，殉情而死。年轻的诗人元好问便买下这一对大雁，把它们合葬在汾水旁，建了一个小小的坟墓，叫"雁丘"，并写《雁丘》辞一阙，其后又加以修改，遂成著名的《摸鱼儿·雁丘词》。

摸鱼儿·雁丘词

乙丑岁赴试并州，道逢捕雁者云："今旦获一雁，杀之矣。其脱网者悲鸣不能去，竟自投于地而死。"予因买得之，葬之汾水之上，垒石为识，号曰"雁丘"。同行者多为赋诗，予亦有《雁丘词》。旧所作无宫商，今改定之。

问世间，情为何物，直教生死相许？

天南地北双飞客，老翅几回寒暑。

欢乐趣，离别苦，就中更有痴儿女。

君应有语：渺万里层云，

千山暮雪，只影向谁去？

横汾路，寂寞当年箫鼓，

荒烟依旧平楚。

招魂楚些何嗟及，山鬼暗啼风雨。

天也妒，未信与，

莺儿燕子俱黄土。

千秋万古，为留待骚人，

狂歌痛饮，来访雁丘处。

下面这一首，写亲人们天各一方的离别之苦：

眼 中

眼中时事亦纷然，拥被寒窗夜不眠。

骨肉他乡各异县，衣冠今日是何年？

枯槐聚蚁无多地，秋水鸣蛙自一天。

何处青山隔尘土，一庵吾欲送华颠。

读完此诗，笔者别有一番滋味在心头。

二、关注

论诗三十首·其七

慷慨悲歌绝不传，穹庐一曲本天然。
中洲万古英雄气，也到阴山敕勒川。

元好问的这首诗，评论了北魏《敕勒歌》。《敕勒歌》描绘了开阔壮美而又和平安定的敕勒川草原风光，颇有豪放刚健、粗犷雄浑的格调。元好问肯定、推崇这首民歌慷慨壮阔深厚的气势，尤其推举它不假雕饰而浑然天成的本真。

玉楼春

惊沙猎猎风成阵，白雁一声霜有信。
琵琶肠断塞门秋，却望紫台知远近。
深宫桃李无人问，旧爱玉颜今自恨。
明妃留在两眉愁，万古春山颦不尽。

借咏史以抒怀，是诗人的家教；昭君出塞，又是传统的诗歌体裁。元好问推陈出新，突破了体裁和题材的局限，拓宽和加深了同类作品的内涵。

朔风惊沙，白雁掠霜，俯仰古今，诗人寓刚健于婀娜，变温婉成悲凉。

元代

成吉思汗的三女儿与托克托

成吉思汗的三女儿叫阿剌合别乞,她在云内州度过了30多个春秋。

在金代,云内州包括的地方有:今内蒙古自治区包头市区西、白云鄂博南、达尔罕茂明安联合旗南、固阳县、土默特右旗、土默特左旗、托克托县。

公元1189年,蒙古部落乞颜氏贵族推举铁木真为汗。第二年,铁木真便开始统一蒙古各部的战争。直到1204年,蒙古部落只剩下居住在今阿尔泰山一带的乃蛮部未被统一。

乃蛮部首领太阳汗派使者脱儿必塔夫到汪古部,想和汪古部结成联盟,联合夹击铁木真。

公元1204年春,汪古部首领阿剌忽失吉惕忽里拒绝了乃蛮部首领太阳汗的结盟,派使者月忽难到乞颜部,将乃蛮部要进攻的消息告诉了铁木真。

铁木真率领4万大军出征乃蛮部,以汪古部为先导。阿剌忽失吉惕忽里带领汪古部协助铁木真灭掉乃蛮部,统一了蒙古,功绩显著。

蒙古汗国建立后,阿剌忽失吉惕忽里被封为八十八功臣之一,授予五千户,仍管理汪古部。

汪古部的驻牧地在今包头市阴山之北的达尔罕茂明安联

合旗以及其以北的大片区域。汪古部世居黑水一带,即今达尔罕茂明安联合旗的艾不盖河流域,其王城就是今敖伦苏木古城,距百灵庙东北20公里。

公元1207年,成吉思汗将其三女儿阿剌合别乞嫁于阿剌忽失吉惕忽里的长子不颜昔班为妻,相约"世婚世友"。

公元1211年,汪古部内不愿归附成吉思汗的部分官兵发动兵变,杀了阿剌忽失吉惕忽里和不颜昔班父子。铁木真的三女儿阿剌合别乞和阿剌忽失吉惕忽里的妻子阿里黑、幼子孛要合、侄儿镇国连夜逃到王城界墙,可是城门早已关闭。正当危难之时,有一位好心的守城人把他们用绳子拴住吊下城墙。

此后,铁木真的三女儿阿剌合别乞和阿剌忽失吉惕忽里的妻子阿里黑、幼子孛要合、侄儿镇国趁混乱之机逃到云内州,流浪度日。

成吉思汗平定云内等州后,才找到失散的女儿。当时因汪古部首领阿剌忽失吉惕忽里的幼子孛要合岁数还比较小,成吉思汗封阿剌忽失吉惕忽里的侄子镇国为北平王,统领汪古部。与此同时,按当时蒙古各部的习俗,阿剌合别乞嫁于汪古部首领阿剌忽失吉惕忽里的侄子、北平王镇国为妻。

公元1219年,成吉思汗西征时孛要合随行,镇国率汪古部骑兵跟随太师国王木华黎伐金遇难。此间,阿剌合别乞代行汪古部首领之职,统辖漠南蒙古诸部,被称为"监国公主"。

公元1221年,蒙古大将木华黎到达天德,驻军青冢,监国公主阿剌合别乞派使臣前来慰劳军队,大犒将士[①]。

随后,木华黎从东胜州渡过黄河,借道西夏,西夏神宗派兵5万随蒙古军南下攻金的葭州(今陕西省佳县)。

1974年,在内蒙古自治区武川县东土城乡出土了"监国公主行宣差河北都总管之印",这是阿剌合别乞的官印,也是她行使监国权力的有力佐证。

公元1227年,成吉思汗逝世,阿剌合别乞仍履行监国公主之职。公元1228年,中都一带有信安等结伙劫掠,王缉等仍奉监国公主之令前去剿灭。

监国公主阿剌合别乞不愧为一代天骄成吉思汗的女儿,"明睿而有智略""师出无内顾之忧,公主力居多"[②]。

---

① 《元史·木华黎等列传》卷119:"遣使来劳,大飨将士。"
② 《元史·特薛禅等列传》卷118。

监察御使程思廉与托克托

程思廉,生于公元1234年,字介甫,先祖洛阳人,北魏时以豪门大族迁居云中(今内蒙古自治区和林格尔县西北),元代时在东胜州安家落户。他的父亲在元初任沿边监榷规运使。

经刘秉忠①举荐,程思廉在元裕宗真金即位前的府中做给事。从此,他步入仕途,并以谨慎诚实著称,丞相史天泽对他尤为器重。

程思廉作风正派,刚正不阿,疾恶如仇。上奏论事切中事理,诸如早立储君、访求人才、明辨是非、蓄养军队、制定律令,这些都是当时急需办理的事情。

程思廉与人交往有始有终。有时候有人因疾病死丧,他去探问后事,周济抚恤,往返数百里,不畏劳苦。

程思廉经营家事,抚视子孙,对家族尤尽恩义。他善于推荐人才,有人认为是沽名钓誉,他说:"如果躲避这种讥讽,人们不是再也不敢做善事了吗?"②

元伐南宋,攻取襄阳,朝廷命程思廉转运粮草,筑城建仓,

---

① 刘秉忠,元大都的规划设计者。
②《元史·程思廉传》程思廉曰:"若避好名之讥,人不复敢为善矣。"

存粮备饷。在运粮的过程中,运送粮草的人和老百姓争着进城门,没能按时运到。于是,程思廉就下令运粮的人和老百姓各走不同的路。粮食运到后,大多露天存放。有一天夜里,突然下起了大雨,程思廉照常安睡不起,无动于衷。省署里知道后,立即派人召见并责问他,程思廉说:"这里离敌人很近,半夜起来抢救粮食,大家一定感到很吃惊,而且可能会起疑心,还可能引起意外的变故。即使粮食被淋湿些,也不过是损失军队一天的粮食罢了。"①来人听后认为他说得对。

公元1269年后,程思廉进入京师升任监察御史。后因弹劾权臣阿哈马被关进监狱。阿哈马的党羽机关算尽,要加害于他,终因其政绩卓著,无隙可击,未受其害。

几经辗转,程思廉迁任河北、河南道按察副使。有一天,他路过彰德(今河南省安阳市),听说河南、河北收成不好,然而地方官吏征收租赋更为急迫。程思廉阻止这种行为,但当地的主管官员说,依据法律应该先向上级请示,程思廉说:"如果这样,百姓就没有活路了。"②他当即下发文书,命令停止征收,随即送一道文书给皇帝,请求停止征收年税,结果皇帝批准了这一请求,给老百姓办了一件大实事。

公元1283年,河北出现大饥荒,逃荒的百姓南渡黄河乞讨。朝廷却派使臣,召集官吏三五成群,把守渡口阻止灾民南下渡河。程思廉说:"灾民饿得着急要饭,已经到了无可奈何的地步。天下一家,河北人,河南人皆我大元百姓啊!"③并立

---

① 《元史·程思廉传》程思廉曰:"此去敌近,中夜骚动,众必惊疑,或致他变。纵有漂湿,不过军中一日粮耳。"
② 《元史·程思廉传》程思廉曰:"若然,民已不堪命矣。"
③ 《元史·程思廉传》程思廉曰:"民急就食,岂得已哉!天下一家,河北、河南皆吾民也。"

即下令允许百姓南下。他说:"我如果因此获罪,死而无憾!"奏章送上去,朝廷也没有治罪。

后来,卫辉(今河南省汲县)、怀孟(今河南省沁县)发生大水灾,程思廉亲自前往视察赈灾,采取一系列赈灾济民的具体举措,救活了很多人。当时,大水几乎漫过城墙,程思廉带领百姓抢修堤防,在工地风餐露宿,监督察看。最终,洪水没有造成大灾,保住了人民的生命和财产,人民都称赞他。

公元1295年,程思廉任河东山西廉访使。当时,太原有每年负责给诸王饲养骆驼、马14000峰(匹)的任务。因数额巨大、民力不足,程思廉奏请改养千峰(匹)。平阳等地每年的粮租运往北方,路途遥远,运送艰难,民不堪苦。程思廉为民请命,改送临近的河东仓库。旧法规定,诉讼裁决,先议后判,都有判决书,判词由属吏书写,要好处费。程思廉亲自判决,写判词,使滑吏无由插手敲诈勒索。

此文写到这里,我对这位托克托的故人,发自内心的敬佩。程思廉是一位勇于担当的好人啊!

翰林学士孟攀鳞与托克托

孟攀鳞,字驾之,金、元时代的云内州人。^①他出身于书香门第的人家,祖父孟鹤、父亲孟泽民都是金代的进士。

少年时期的孟攀鳞非常聪明,史书上记载他能"日诵万言",还能写出十分优秀的文章,当时的人们称他为神童^②。

公元1230年,孟攀鳞被破格提升为进士,在金代当官至朝散大夫,招讨使。

公元1232年,元兵攻下汴京(今河南省开封市,当时为金国的首都),孟攀鳞北归居平阳。

公元1246年,孟攀鳞因才华出众,被元廷重视,授予陕西帅府详议官。

公元1262年,孟攀鳞受到元世祖忽必烈的重视,被授予翰林待制,兼国史院编修,参与了编定国史的重大任务。

公元1264年,忽必烈召见了孟攀鳞。当时,孟攀鳞向元世祖忽必烈提出了治理国家的70条建议^③。

大致内容有:郊祀天地,祭祠太庙,制定礼乐,兴建学校,

---

① 《元史·列传·卷五十一》记载:"孟攀鳞,字驾之,云内人。"
② 《元史·列传·卷五十一》记载:"攀鳞幼日诵万言,能缀文,时号奇童。"
③ 《元史·列传·卷五十一》记载:"至元初,召见,条陈七十事。"

推行科举考试,选择好的官吏治理国家,储存粮食,供应军需等要事;废除无名的苛捐杂税,停止不必要的徭役;百官由六部统领,国家大事应该归吏、户、礼、兵、刑、工等六部统一管理,法令制度由中书省制定,各种规章制度应该由中书省统一管理,这些都是治国的长久之计。

忽必烈十分欣赏孟攀鳞,对70项建议都赞同并采纳①,而且询问得十分详细,孟攀鳞都一一诚恳答谏。

有一天,忽必烈向孟攀鳞询问:"王百一和许仲平都是大学问家,两人优缺点如何?"孟攀鳞直言不讳地说:"王百一是文华之人,文章写得好,可以到翰林院工作;许仲平明经传道,博学多才,可以让他带教学生。"忽必烈认为他说得很公允,真正做到了人尽其才。

这里简略介绍一下王百一和许仲平:

王百一,自号慎独老人,名鹗,世居大名之东明。仕金至翰林学士应奉。至元代,定宗闻其贤,而召之至,乃授资德大夫,翰林学士。

许仲平,名衡,宋代末年人,曾在元廷做官,官至中书左丞②。曾为元廷定"朝仪",《元史》有传。

不久,元世祖忽必烈向孟攀鳞询问祭祀祖庙、天地的制度和仪式,孟攀鳞引经据典、有理有据地给予答复。

元世祖决定亲自参加祭祀仪式,特下诏命孟攀鳞和太常侍一起议定礼仪事宜。孟攀鳞夜以继日地画出郊祭及宗庙图,献给忽必烈。忽必烈非常重视,都一一亲自观看,十分满

---

① 《元史·列传·卷五十一》记载:"世祖悉嘉纳之。"
② 中书左丞,正二品,辅佐丞相裁决庶务,号称左右辖。

意。①

孟攀鳞于公元1267年谢世，享年64岁。公元1316年，追赠孟攀鳞为翰林学士承旨②。

孟攀鳞，这位托克托的故人，是一位真正博学多才的实在人。

---

①《元史·列传·卷五十一》记载："攀鳞夜画郊祀及宗庙图以进，帝皆亲览焉。"
②承旨，长官。

左丞相太平与托克托

太平,字允中,初姓贺氏,叫贺惟一。后赐姓蒙古氏,名太平。任元代中书省左丞相。

有一年,太平来到东胜州,写了一首诗后就自杀了,终年63岁。①

太平这首诗的题目和内容是什么,到现在已无从考查。为什么会出现这种情况呢?

事情的经过是这样的:

元英宗年间出了个奸相,名叫铁木迭儿。他贪赃受贿,导致朝政腐败,矛盾重重。

太平的父亲叫贺胜,贺胜一直以来非常讨厌铁木迭儿。两家虽然同住一条巷,但从来不相往来。到后来,铁木迭儿以莫须有的罪名,公报私仇,杀了贺胜。

公元1323年,元世祖忽必烈的曾孙孛儿只斤·也孙铁木儿被拥立为皇帝,改元"泰定"。泰定帝给贺胜平反昭雪,因贺胜的儿子贺惟一年幼,所以就由泰定帝亲自抚养。

太平性格开朗,光明正大,虽然年幼却俨然如老成持重之

①《元史·太平传》记载:"太平至东胜,赋诗一篇,乃自杀。年六十三。"

人。他曾受业于赵孟頫，从小受到了良好的教育。

太平的老师赵孟頫，字子昂，号松雪道人，又号水晶宫道人、鸥波。南宋末至元初著名书法家、画家、诗人。

公元1286年，赵孟頫被行台侍御史程钜夫举荐，受到元世祖忽必烈的礼敬，累官至翰林学士承旨、荣禄大夫。著有《松雪斋文集》。赵孟頫与欧阳询、颜真卿、柳公权并称"楷书四大家"。

等到太平长大以后，继承了父亲贺胜的爵位，任陕西汉中道廉访副使。元文宗时任工部尚书等职。

公元1342年，太平由御史中丞提升为中书参资政事，紧接着又晋升为右丞，他再三推却不授。适逢佛家间被罢官，他才接受了任命。

太平到任后，整顿吏制，启用贤能，治理黄河，考订史籍。尤其是当了修编辽、金、元三史总裁官后，政绩卓著。

元代官员的任免，一般情况下不是皇族姓氏的大臣，就不能出任宰相。当时，皇上特下一诏，赐贺惟一蒙古姓，改名太平，蒙古语即泰福音，任中书平章政事。

当时，任左丞相的朵而只向皇上请求："我凭借先人的恩荫，早早地世袭了国王位，但并不明白治国的道理，今国家设置丞相之位，除了太平，其他人都不足以与共事。"于是，皇上任命太平为左丞相，朵而只为右丞相。①

公元1355年，河南农民起义，太平出任淮南行省左丞相兼知行枢密院事，驻军济宁（今山东省巨野县），耕种屯田，自

①《元史·太平传》记载："十一月，拜太平左丞相，朵而只为右丞相。"

给自足。他组建民兵,建立乡兵元帅府,轮番耕战。不久,又调为辽阳行省左丞相。当时,义军毛贵进逼大都,官兵屡败,朝野大惊,纷纷议论迁都。太平力争,主张不能迁都。

可就在这个时候,朝廷里的二皇后(奇氏)和太子串通一气,逼元顺帝退位,抢夺帝位。同时,皇太子派宦官朴不花把此意转告太平,太平一言不发。二皇后(奇氏)又亲自召太平入宫,置酒申诉前面的意思,太平以违而已,始终没有答应。①

当时,皇太子想把顺帝身边的近臣都逐离,就让监察御史弹劾。监察御史还未向皇上奏明,被排挤的大臣却已调离。就因这个事情,皇太子认为是太平的儿子也先忽都泄露了他的机密,所以决意要除掉太平。

公元1359年12月,阳翟王倡乱,骚动北边,势逼上都。

皇太子出于想把太平置于死地的目的,借机推荐太平镇守上都。太平毫不迟疑,毅然接受使命。平定叛乱,逮捕阳翟王,北境安宁。太平见势不可留,以病辞位,请求皇上让他回归奉元(今陕西省西安市)。

元顺帝想以伯撒里为丞相,伯撒里推却说:"臣老了,不足任了。陛下一定要用臣干,非得与太平共事不可。"于是,他秘密下旨,让伯撒里留住太平,不要起程。此时,太平已到砂井(今内蒙古自治区四子王旗西北),接到命令后立即停止前进,留住几日。

皇太子对太平恨之入骨,埋怨他走了又留下来,便唆使人

---

① 《元史·太平传》记载:"二皇后奇氏与皇太子谋,欲内禅,遣宦者资正院使朴不花谕意于太平,太平不答。皇后又召太平至宫中,举酒申前意,太平依违而已。"

弹劾他故意违命,逗留不走,当正其罪,拘捕他,撤销所授宣命及赏物,谪居陕西西部。

太平打算从东胜州渡过黄河,然后到陕西。没想到朝廷又派使者追到东胜州,逼他自尽。最后,太平悲愤赋诗一首而死。

公元1367年,太平获得平反昭雪,重新进行了褒奖和馈赠。

为此,元代有一位叫张翥的诗人、翰林学士写了一首诗,来纪念太平:

悼太平

晨起洒杯酒,北风吹泪痕。

岂徒歌楚些,端欲叫天阍。

碧化苌弘血,春归杜宇魂。

千秋一史笔,谁辨逐臣冤。

耶律楚材与托克托

　　耶律楚材,契丹族,金代尚书右丞耶律履之子,蒙古帝国时期的政治家。先后辅弼成吉思汗父子30余年,担任中书令14年之久。

　　耶律楚材的父亲用《春秋左氏传》中"虽楚有材,晋实用之"的典故,给儿子起名为"楚材"。耶律楚材身材高大,满面胡须,成吉思汗称呼他为吾图撒合里,意为"长髯人"。

　　公元1215年,蒙古军攻占燕京,成吉思汗得知他才华横溢、满腹经纶,遂派人向他询问治国大计。据格鲁塞的《草原帝国》记载:"占领北京后,在愿意支持蒙古统治的俘虏中,成吉思汗选中一位契丹王子耶律楚材,他以'身长八尺,美髯宏声'博得成吉思汗的喜爱,被任命为辅臣。"

　　公元1227年春,成吉思汗率部攻打西夏王城,渡过黄河,攻积石州(今青海省循化县)。秋7月崩于六盘山下清水县,临死授作战方略。传说成吉思汗指着耶律楚材对儿子们说:"这个人是上天赐给我们的,你们要加以重用。"

　　大约在成吉思汗驾崩的当年,即1227年,耶律楚材与蒙古大军一起自新安、云中、东胜、砂井(今内蒙古自治区四子王旗西北)等地北返。

　　当时,耶律楚材领着妻子苏氏、儿子耶律铸从宁夏返燕京,途经东胜州触景生情,赋诗几首。

清代的兵部、礼部尚书纪钧[1]曾对耶律楚材的诗进行过一番评价,他说:"今观其诗,语皆本色。惟意所如,不以研炼为工。虽时时出入内典,而大旨必归於风教。邻之所云,殆为能得其真矣"。[2]

其中有一首诗叫《无题》,耶律楚材在序言中说:"跟随成吉思汗得胜之师凯旋路过东胜州,在驻军司令秦帅的酒宴上步杜受之韵作诗。"这首诗如下:

扈从旋师道过东胜秦帅席上继杜受之韵

去国十年久,还乡两鬓皤。
三川犹梗涩,百越正干戈。
东胜城无恙,西征事若何。
凭高吟望久,樽酒酹长河。

回想当年奉诏北上,随成吉思汗西征时,耶律楚材还是一个不到30岁的青年,如今却近不惑之年,两鬓也生出了白发,"去国十年久,还乡两鬓皤",正是"我游北海年垂老"。

多年的行军生涯,使他患上了严重的足疾,陪伴他终生。感慨之余,他写下了"咄嗟兴废悲三叹,倏忽荣枯梦一惊"的感伤诗句。

在路过东胜州时,耶律楚材还写了另外两首诗,他在序言

---

[1] 纪钧,纪晓岚。
[2] 纪昀等《四库全书总目提要》。

中说："路过东胜州时,我用我家先辈文献公的诗韵进诗一首。"这首诗如下:

过东胜用先君文献公韵

其一

荒城萧洒枕长河,古字碑文半灭磨。

青冢路遥人去少,黑山寒重雁来多。

正愁晓雪冰生砚,不忿西风叶坠河。

偶忆先君旧游处,潸然不奈此情何。

其二

依然千里旧山河,事改时移随变磨。

巢许家风乌可少,萧曹勋业未为多。

可伤陵变须耕海,不待棋终已烂柯。

翻手荣枯成底事,不如归去入无何。

耶律楚材在诗中提到的古寺和碑文在东胜州城的什么地方呢?有待进一步考证。

耶律楚材这次受蒙古宫廷的委派,到燕京"搜索经籍",在经过东胜州后,还凭吊了王昭君的青冢墓地,并与沿途来拜访他的人们以诗歌相赠答。盘桓数月之后,耶律楚材终于在当年冬天到达目的地——燕京。

耶律楚材作为显赫的汗廷使者,在燕京引起了不小的震动。相别多年的老朋友又欢聚在一起,在披云楼上,耶律楚材与好友们畅叙离情,兴致高昂之际,挥笔写下了《还燕京题披云楼和诸大夫韵》：

闲上披云第一重，离离禾黍汉家宫。

窗开青锁招晴色，帘捲银钩揖晓风。

好梦安排诗句里，闲愁分付酒杯中。

静思二十年间事，聚散悲欢一梦同。

耶律楚材与托克托(续)

在《耶律楚材与托克托》一文中,我们谈到耶律楚材跟随成吉思汗西征返回后,从宁夏到燕京,途经东胜州曾赋诗两首:

过东胜用先君文献公韵上

其一

荒城潇洒枕长河,古寺碑文半灭磨。

青冢路遥人去少,黑山寒重雁来多。

正愁晓雪冰生砚,不忿西风叶坠河。

偶忆先君旧游处,潸然不奈此情何。

其二

依然千里旧山河,事改时移随变磨。

巢许家风鸟可少,萧曹勋业未为多。

可伤陵变须耕海,不待棋终已烂柯。

翻手荣枯成底事,不如归去入无何。

耶律楚材在诗中讲:"过东胜用先君文献公韵。"意思是说:"路过东胜时,用我家老爷子文献公的诗韵进诗一首。"

诗中"先君"即耶律楚材的父亲,名为耶律履,谥号文献。耶律履生于金太宗天会九年(公元1131年),卒于金章宗明昌二年(公元1191年),享年61岁。金世宗时,升任国史院编修官;金章宗后,以定策之功,累迁至礼部尚书。

有一天,金世宗召见耶律履问道:"现在为何没有像魏征那样忠节的人呢?"耶律履回答道:"忠义之士历史上都有,只看皇上用与不用。"金世宗说:"我破格提拔的刘仲晦、张汝霖,经常有忠言,怎么能说没用呢? 是人才难求啊!"耶律履回答:"但没有听说他们规劝过。希望陛下广开谏言,天下之幸。"

耶律履的才能,在金代没有得到充分发挥。他没有担任过显赫的职位,历史上也并不出名。他治理天下的愿望最终由他的儿子耶律楚材实现了。

关于耶律履的为官方面,元好问曾有如下评价:"公资通敏,善辞令。胸怀倜傥,有文武志胆。酬酢事变,若迎刃而解。与人言,必尽诚无隐。得一人善,若出诸己,至称道不绝口。推贤让能,力为引荐,后生辈,借公余论,多至通显。论事上前,是非利病,惟理所在,未尝有所回屈。"

耶律楚材在诗中写道:"偶忆先君旧游处,潸然不奈此情何。"从这句诗中我们了解到耶律楚材的父亲耶律履曾经游历过东胜州。当耶律楚材站在东胜州城[①]上时,真是思绪万千,别有一番滋味在心头。

耶律履前后共有3位夫人,其中杨氏为耶律楚材的生母。据王国维的考证,杨氏大概在公元1232年至1233年间才

---

① 东胜州城,在内蒙古自治区托克托县新旧城之间有一座古城遗址,当地人称城圐圙,辽代为"东胜州"治所,金代又在旁边建"子城"。

去世。在耶律楚材很小的时候,耶律履就去世了。耶律楚材对父亲没有太多的感性认识。

在生母杨氏的呵护下长大的耶律楚材对母亲感情至深,曾经写了很多关于母亲的诗篇。他在跟随成吉思汗西征的路上曾写下了《思亲二首》,其中一首为:

老母琴书老自娱,吾山侧近结蘧庐。
鬓边尚结辟兵发,箧内犹存教子书。
幼稚已能学土梗,老兄犹未忆鲈鱼。
谁知万里思归梦,夜夜随风到故居。

在这里特别要点赞的是诗中第二句"鬓边尚结辟兵发,箧内犹存教子书",写得非常感人。大意为:如今,我的鬓旁还戴着母亲的头发。还记得当年我从军的时候,她把自己的头发剪下少许,赐予我,说:"习俗中相传,父母之发,戴在头上,可以免除兵器的伤害。"①当年母亲为了教育我写下的书信,我还把它放在匣子里安存。

不仅如此,在耶律楚材的心目中,父亲的形象永远是完美而高大的。在下面这首诗中,他是这样赞颂父亲的:

先考文献公,弱冠已卓立。
学业饱典坟,创作《乙未历》。
入仕三十年,庙堂为柱石。

---

① 耶律楚材在该诗句下有这样的小注,"昔予从征,太夫人以发少许赐予云:俗传父母之发,戴之可辟五兵。今尚存焉。"

重义而疏才，后世遗清白。

受先人体，兢兢常业业。

十三学诗书，二十应制策。

在游览了城中的古寺及碑文等名胜古迹后，耶律楚材带着复杂的心情离开了东胜州。

科学家郭守敬与托克托

　　1989年，中国人民银行发行了一枚"郭守敬"精制银币。该银币为中国杰出历史人物金银纪念币之一。

　　郭守敬是元代最了不起的科学家。他是地理学上"海拔"概念的创始人。

　　公元1265年，郭守敬升任都水少监后，在黄河的上游到中游间兴修了许多重大的水利项目。这些水利项目是送给当时内蒙古自治区托克托县地界上老百姓的最大福利，进而奠定了托克托河口在黄河水运中的枢纽地位。

　　大约在公元1262年，元世祖忽必烈统一了中国北部黄河流域的大片土地后建立了王朝，当时屡受战争破坏的社会经济正待恢复和发展。忽必烈为了巩固新王朝的统治，注意采取恢复生产的措施。这时，郭守敬的老师张文谦向忽必烈推荐了郭守敬，说他"习知水利，巧思绝人"。于是，忽必烈就在元上都召见郭守敬。郭守敬当时向忽必烈提出了修复水利的6点建议，忽必烈听了非常高兴，也很赏识他的才干，马上派他去帮助治理各地的河道工程。当时，郭守敬才32岁，第二年，忽必烈提拔他当了"河渠副使"的官。

　　当了"河渠副使"后，于公元1264年跟随老师张文谦到达西夏故地。当时，张文谦以中书左丞行省西夏故地（今宁夏、甘肃和内蒙古的部分地区),整顿吏治,兴学重教。张文谦支持郭守敬对数十条渠道进行疏浚修复,使西夏故地再现"塞北江南"的景象。

即公元1265年,郭守敬自中兴(今宁夏回族自治区银川市)返回中都(今河北省张北县馒头营乡)的途中,特地命舟船顺流而下,经4天4夜到达东胜州。郭守敬亲身试航成功证明此段黄河可以漕运。同时,他还考察了查泊、兀郎海(今内蒙古自治区乌梁素海)一带。郭守敬认为,这一带古渠颇多,重新修复后可以利用。①

根据郭守敬的科学论证,忽必烈于公元1267年7月,降旨自中兴路至东胜州,设立了10处水上驿站。此段漕运的开辟和水上驿站的设立,便利了西夏故地粮食外运。尤其是设在东胜州的3个水上驿站极大地改善了西夏故地与元上都、元大都的交通状况,加强了西夏故地与元廷的联系。正如《绥远通志稿·水路》所载:"而自西徂东,以达于各地者,盖以东胜为集散转运之地。今之托河即古之东胜也。"

由此可见,今托克托河口是元代黄河水运北国水驿第一站。东胜州作为北国水驿的起点及首创,在历史上再次引人注目。

当年,郭守敬的老师、元大都的总设计师刘秉忠来到北国第一水驿,写下了下面的诗句:

---

①《郭守敬传》:"舟自中兴沿河四昼夜至东胜,可通漕运,及见查泊、兀郎海古渠甚多,宜加修理。"

东胜道中

天荒地老物消磨，赢得诗人感慨多。

两鬓黄尘秋色里，又投东胜过黄河。

这首诗里的一个"又"字说明刘秉忠不止一次到过当今的托克托县。但此说法有待进一步考证。

今天这篇文章的主人公郭守敬活了87岁。目前，在北京市西城区德胜门西大街甲60号有他的纪念馆，位于什刹海西海北岸的汇通祠内。纪念馆内有4个展厅，介绍郭守敬的生平及其成就，大家有时间可以参观一下。

宁夏建有郭守敬祠堂，以纪念他在西夏故地治水的功绩。托克托县是不是也应建一座呢？

刘秉忠与托克托

在《科学家郭守敬与托克托》一文中,我们谈到元大都的主要设计者刘秉忠到北国第一水驿(今内蒙古自治区托克托县河口村南),写下了下面的诗句:

东胜道中

天荒地老物消磨,赢得诗人感慨多。
两鬓黄尘秋色里,又投东胜过黄河。

这首诗里的一个"又"字说明刘秉忠不止一次到过东胜州。

刘秉忠(公元1216年—1274年),元初著名的政治家、文学家、书法家。邢州(今河北省邢台市)人,原名侃,号藏春,公元1264年还俗时忽必烈赐此名。早年曾出家于天宁寺为僧,海云法师以其"博学多才艺",推荐给元世祖忽必烈,受到重用。据说他与忽必烈"情好日密,话必夜阑,如鱼得水,如虎再山"。从1242年开始,他辅佐忽必烈30余年。

刘秉忠多次到过东胜州,在一个秋天,他又一次来到这里,并写下了如下诗句:

过东胜

秋山漠漠晚烟横,牢落关河雁一声。

钟鼎无媒希望断,江湖有志利名轻。

皇天不吊衣冠绝,神物还从臭腐生。

惨淡风云会银夏,短衣匹马过边城。①

秋天,诗人刘秉忠路过东胜州,寂寞孤独,感到钟鼎无望,皇天不吊。倒不如不重名利,有志于做江湖散人,更会使自己脱俗修身养性。

刘秉忠不仅是元廷重臣,位居太保,而且还是一位著名学者、诗人和散曲家。他在元代学术界享有盛名。著名学者王恂、郭守敬、张文谦、张易等都是他的好友或学生。他在诗词方面更有独到之处,《元史纪事本末》称他"每以吟咏自适,其诗萧散闲淡,类其为人"②。

下面这首在云内州写的诗词可见一斑:

云内道中

远水平芜间野花,塞云漠漠际寒沙。

闲禽向晚无投树,倦容逢秋空念家。

① 漠漠,寂静无声,意思是孤单寡言。钟鼎,或称鼎钟,是古代记录功名的象征。因无媒介,登高位是没指望了。不吊,指不同情。神物,指神奇的东西。李白《梁甫吟》诗,"张公两龙剑,神物合有时。"惨淡,阴暗无色。银夏,指银川、宁夏。
② 引自《元史纪事本末》。

万里经年走风雨,一身无计卧烟霞。

来朝又上居延道,怀古思乡改鬓华。①

此诗反映出作者走在云内州的道路上,看到远山、旷野、野花、寒云、闲禽投树等自然景观,触景生情,游客欲归,怀古思乡已白头。

刘秉忠生活阅历广泛,文学修养渊深,志向高远而又性情洒脱。视富贵如浮云,轻功名似梦幻。

刘秉忠一生文学著述很多,有《藏春集》6卷、《诗集》22卷、《文集》10卷、《平沙玉尺》4卷、《玉史新镜》2卷等。

公元1274年春,刘秉忠随忽必烈到达元上都。他在郊区南屏山建了一个小屋,独自居于林间,吟咏诗词,怡然自乐。同年8月,他无疾端坐而卒,享年59岁。

毛泽东曾手书刘秉忠的《干荷叶》:

南高峰,北高峰,

惨淡烟霞洞。

宋高宗,一场空,

吴山依旧酒旗风,两度江南梦。②

① 平芜,平旷的原野,指土默川平原。居延,古县名,指居延泽附近一带,为河西地区与漠北往来的交通要道。西汉置县,故城在内蒙古自治区额济纳旗东南。

② 胡忆肖、胡敏编著:《毛泽东手书历代诗词译释及墨迹欣赏》。

明代

总兵孙镗与托克托

一、孙镗和于谦

孙镗和于谦是明代京城保卫战的重要组织者和指挥者。

孙镗(公元1392年—1471年),字振远,东胜州人,明中期将领,充任总兵官,封滦国公,活了80岁。

这里需要说明一下:在今托克托县古城镇白塔村后、盆窑子村东的云内州故城内出土过明早期的遗物,证明辽、金、元三代的云内州、东胜州在明初仍沿用过一段时间。后设云内县,隶属丰州。

于谦(公元1398年—1457年),字廷益,杭州府钱塘县(今浙江省杭州市上城区)人,明代名人,任兵部尚书。他与岳飞、张煌言并称"西湖三杰"。

二、土木堡之变

元残余势力虽退入大漠,但他们的军事力量并没有太大的损失,还保持着强大的实力和完整的政治机构,他们不认为元代已经结束,经常派兵南下收复失地。

公元1439年,瓦剌蒙古脱欢死,其子也先继承太师职位。也先在位期间,瓦剌蒙古势力强盛,兼并了鞑靼蒙古各部,乘机东取兀良哈三卫,控赤斤、哈密诸卫。同时,利用当时明政府的腐败无能,不时南下进入明边境。

公元1449年,也先率瓦剌军大举进犯,当时总揽朝政的宦官王振怂恿明英宗朱祁镇,效仿他的父亲明宣宗御驾亲征。于谦和当时的兵部尚书邝埜极力劝谏,但朱祁镇听不进去。邝埜只好跟随明英宗管理军队,留下于谦主持兵部的工作。

于是,朱祁镇从京师附近临时拼凑20万人,号称50万大军,御驾亲征。为了说服自己的母亲孙太后,他把年仅2岁的皇子朱见深立为皇太子,并让异母弟郕王朱祁钰监国。

出征没多久,在怀来城外的土木堡,与瓦剌大军相遇,朱祁镇等人被困在土木堡。当时明军水源被掐断,军心动荡。瓦剌也先趁明军不备,发动总攻,一举歼灭明军。朱祁镇被俘,宦官王振被将军樊忠杀死,兵部尚书邝埜等大臣战死。历史上称之为"土木堡之变"。

三、京城保卫战

当明英宗在土木堡被俘的消息传到北京后,京师的人们大为震惊,人心惶惶,不知如何是好。此时,监国郕王朱祁钰命令群臣讨论作战和防守的方略。

于谦力主抗战,得到吏部尚书王直、内阁学士陈循等官员的支持。郕王朱祁钰也认可了于谦的意见,所以定下了防守的策略。

于谦请郕王朱祁钰调南北两京、河南的备操军,山东和南京沿海的备倭军,江北和京师所属各府的运粮军,立即赶赴顺天府,经过一番筹划部署,人心稍稍安定下来。随后,于谦升任兵部尚书,全权负责筹划京师的防御。

公元1449年，在明英宗朱祁镇被也先的瓦剌军俘虏后，其弟朱祁钰继承皇帝位，改国号景泰，诏回孙镗（东胜州人），越级提拔他为都督佥事，命他主管三千营。①

10月，孙镗被晋升为右都督，充任总兵官，率领一万京军准备前往紫荆关抵御也先的瓦剌军。②

将要出发时，紫荆关已经被也先的瓦剌军攻破，孙镗在北京城外扎营，负责守卫西直门。③

13日，也先的瓦剌军攻打德胜门，被于谦的人马击退，后又转攻孙镗把守的西直门，孙镗带领人马与之大战，力斩也先的先锋部队数人，乘势追逼也先的瓦剌军队。

这时，也先又增加人马重新包围了孙镗。孙镗带领部下拼力作战也不能突围，遂请求守城头的给事中程信，让其开城门放他进去。程信不允，只是和都督王通等在城墙上呐喊助威，并用枪炮等打击也先的瓦剌军队。

后来，高礼、毛福寿、陶瑾等领军来援，石亨也率军赶到，也先的瓦剌军才被迫撤退。紧接着，明代宗朱祁钰诏令孙镗协助杨洪率军追击，与也先的瓦剌军战于涿州（今河北省涿州市，北京市西南）的深沟，斩获颇多，后又追击也先到固安（今河北省廊坊市固安县）。④

回师之后，孙镗仍主管营务。

---

① 《明史·卷一百七十四·列传第六十二》："英宗北狩，景帝诏镗还，超擢都督佥事，典三千营。"
② 《明史·卷一百七十四·列传第六十二》："也先将入犯，进右都督，充总兵官，统京军一万御之紫荆关。"
③ 《明史·卷一百七十四·列传第六十二》："将发，寇已入，遂营都城外。"
④ 《明史·卷一百七十四·列传第六十二》："诏镗副杨洪追之，战于涿州深沟，颇有斩获。"

安徽凤阳与托克托

安徽凤阳这个地方的人的祖辈,有许多来自于今托克托县。

一、安徽凤阳

凤阳,古称"钟离""濠州",位于淮河中游南岸。凤阳是明太祖朱元璋的家乡,是全国有名的历史文化名城,有举世闻名的明中都皇城和明皇陵,是八仙之一蓝采和的成仙之地,也是庄子与慧子濠梁观鱼之地。

公元1369年,改钟离县为中立县,在濠州西南凤凰山南麓建中都。

公元1373年,临濠府改为中立府;公元1374年,中立府改名凤凰府。

二、内蒙古托克托

朱元璋领导的农民起义军,于公元1368年打下应天府(今南京市),即皇帝位,建立明,年号洪武。闰7月,大将军徐达、常遇春攻克通州,元顺帝逃往上都开平府(今内蒙古自治区正蓝旗东闪电河北岸)。8月,明军占领元大都,元统治全国的政局结束,只控制着今长城以北地区。

公元1369年6月,常遇春攻破元上都,元顺帝又逃往应昌(今内蒙古自治区克什克腾旗西达赉诺尔附近)。

公元1370年,明将李文忠出兵东道居庸关直捣应昌。元主病死,其儿子爱猷识理达腊继位,后逃往和林(今蒙古国鄂尔浑河上游东岸哈尔和林)。

公元1370年2月,明大同卫指挥使金朝兴攻克东胜州,俘获元平章政事刘麟等18人,紧接着又占领云内州、丰州。

公元1371年,改东胜州为东胜卫,下辖五花城、失宝赤、斡鲁忽奴、燕只斤、瓮吉剌5个千户所,统辖今鄂尔多斯市东北部,再沿黄河西岸往西北到今乌拉特前旗以西、黄河以东及乌拉山、大青山以南一带;过黄河向西延伸到河套鄂尔多斯中部地区,向东延伸到乌兰察布南部。

今内蒙古自治区清水河县境内曾设过千户所,后又置东胜后卫。

公元1372年秋,蒙古兵突然袭入云内州城内,当时的云内州的同知①叫黄里,他率领兵将与蒙古兵进行巷战,奋力抵抗,最后战死。

公元1373年9月,明太祖朱元璋下令将东胜州、云内州以及丰州等地4万多户居民迁到中立府,同时,三州建制废掉。

据《明史》《明太祖实录》记载,公元1381年的全国统计数字是:户数有10654362户,人口有59873305人。从当时全

---

① 同知,知府的副职,相当于今天的副市长。

国总户数看,4万多户已经不是个小数字了。如果按当时的户数和人口比例计算,4万多户,约等于22万人从东胜州、云内州及丰州迁到中立府。

所以,今天凤阳的许多人和托克托人是一家人。

三、凤阳花鼓和双墙秧歌

最后,我在这里总结一下凤阳花鼓和双墙秧歌的共同特点,与有关专家和民间传人进行交流。

凤阳花鼓起源于凤阳府,是一种集曲艺和歌舞为一体的民间传统表演艺术,但以曲艺形态的说唱表演最为著名。一般认为形成于明清时期。当时,许多文人的诗文记录了凤阳花鼓表演时载歌载舞的热闹场面。

近现代,凤阳花鼓的打法、舞步、花势、演唱等揉进了现代舞的技巧,在保存浓郁地方特色的同时,形式更加活泼多样,气氛更加热烈欢快,名声也越来越大。

双墙秧歌是托克托县集曲艺和歌舞为一体的民间传统表演艺术。凤阳花鼓和双墙秧歌的共同特点:①都有剧目内容。清乾隆年间,二人唱的凤阳花鼓被改编为6~8人的歌舞,而《海蚌儿戏鱼翁》《竹马·老罕王进京》是托克托双墙秧歌传承百年的保留节目。②都有舞蹈的表演形式。③都是有说有唱的表现形式。④都有"扭"的要素。⑤一般都在节日期间由民间发起进行表演。

双墙秧歌与凤阳花鼓不同的地方是:双墙秧歌艺人在舞蹈姿态的曲、仰、俯、撇,舞蹈动律的拧、晃、转、碾,舞蹈韵律的韧脆对比等传统舞技的基础上,融汇了蒙古舞蹈和二人台舞步的特点,形成了自成一家的艺术风格——"三腰两圪截"。

祝愿托克托的双墙秧歌像凤阳花鼓一样名扬天下!

清代

康熙帝与托克托

内蒙古自治区托克托县河口,蒙古语称为"湖滩和硕",因发源于阴山山脉大青山段的大黑河,自北向南注入黄河在河口相汇,形成一个形似鸟嘴的"岬",故而得名。

关于湖滩和硕①,在《绥远通志稿·要隘》中记述:"考湖滩河朔之著于世,因其地设有官渡,并有巡河防御官驻扎。故当清初康熙帝亲征噶尔丹,道出此间,鉴于河防之重要,乃谕令归化城土默特旗增设巡河防御二员,巡丁若干,分驻于南海子与湖滩河朔两地。而湖滩河朔巡河防御驻地虽在河口,但其所辖应巡之界,则南暨于喇嘛湾。"

当年,康熙亲征噶尔丹来到今托克托县的河口,见"流凌始下,舟行之顷,河水莹洁,波浪忽平",一时诗兴大发,吟诗一首:

黄河(并序)

黄涛何汹汹,寒至始流凌。
解缆风犹紧,移舟浪不兴。

---

① 湖滩和硕,即湖滩河朔。

咸行宜气肃,恩布觉阳升。

化理应多洽,嚣氛顷刻澄。

公元1692年,清廷为信息传递更便利快捷,加强了内蒙古地区与中原地区的联系,敕令内大臣阿尔迪、理藩院尚书主持开辟杀虎口、张家口等5条驿路。

西路从杀虎口北到归化城,继而由归化城西南经杜尔格(今托克托县伍什家村),从河口处过黄河进鄂尔多斯。河口处成为连接这一驿路的必经渡口。

公元1696年农历十月,为征讨卫拉特蒙古准噶尔部首领噶尔丹的叛乱,爱新觉罗·玄烨御驾亲征,经上述路线,驻跸归化城。十月二十八日,康熙率领大军来到今托克托县河口村的黄河岸边。

当时,黄河正是流凌季节,黄河流凌但还没有结冰。军情紧急,大军急切但过不了河,于是就暂驻在湖滩和硕①。十一月初三日,康熙在河口住到第6天,泛舟黄河上边,诗兴大发,写下了上面说到的《黄河(并序)》这首诗。

当康熙率领大军在河口住到第八天,即十一月五日后半夜,有人来报:湖滩和硕南"喀林拖会"(河水转弯处)的地方结冰。当时的情况是:"时天气温暖,自喀林拖会处东西数里外,河水湍急,独军渡处,冰坚盈尺。上命军士等分三路垫土,辎重渡河,如履平地。"②当时康熙大喜,非常高兴地挥毫写下了《冰渡》一诗:

---

① 有史料上写作"湖滩河朔"。《绥远通志稿》《土默特志》等书上注明就是今托克托县河口处。

②《清实录》。

云深卓万骑,风劲响千旗。

半夜河冰合,安然过六师。

第二天,大军从河口处顺利渡过黄河去西征。

公元1697年3月,为征讨卫拉特蒙古准噶尔部首领噶尔丹残部的叛乱,爱新觉罗·玄烨第三次御驾亲征,出京城,经大同,过保德、榆林、定边,赶赴宁夏。最后,噶尔丹兵败服毒自杀。康熙大军取得胜利后,为巡视宁夏黄河,特从宁夏横城(今银川市兴庆区)乘舟顺流而下。

那天,横城古渡上飘着康熙的101艘随驾船,其中楼船有3艘,官员和侍卫坐船96艘,能够载马匹的大船2艘。4月15日,顺流来到湖滩和硕。

康熙离舟登岸,又乘马于陆路行猎,与大军会合,于5月回京。

同年,康熙晓谕土默特两翼都统,于黄河东岸设湖滩和硕和毛岱(土默特右旗境内)两处官渡,官渡各设官船2只,渡口防御,骁骑校各一员,士兵50名守护。官渡的职责是负责递送往来公文,并盘查过渡的骡马,犯禁等物。遇有公文折报随时随渡。

毛岱官渡于公元1874年因黄河南移,改设于包头市以南的南海子,湖滩和硕官渡一直被沿用下来。